赋能高技能人才培养：企业全链式参与专业教学评价的实证研究

FUNENG GAOJINENG RENCAI PEIYANG：
QIYE QUANLIANSHI CANYU ZHUANYE JIAOXUE
PINGJIA DE SHIZHENG YANJIU

李青　余蔚荔◎著

天津大学出版社
TIANJIN UNIVERSITY PRESS

图书在版编目（CIP）数据

赋能高技能人才培养：企业全链式参与专业教学评价的实证研究 / 李青，余蔚荔著. -- 天津：天津大学出版社，2024. 11. -- ISBN 978-7-5618-7803-3

Ⅰ. G718.5

中国国家版本馆CIP数据核字第2024R9V841号

出版发行 天津大学出版社
地　　址 天津市卫津路92号天津大学内（邮编：300072）
电　　话 发行部：022-27403647
网　　址 www.tjupress.com.cn
印　　刷 北京虎彩文化传播有限公司
经　　销 全国各地新华书店
开　　本 787mm×1092mm　1/16
印　　张 9.5
字　　数 237千
版　　次 2024年11月第1版
印　　次 2024年11月第1次
定　　价 59.00元

前　　言

适应新经济、新技术、新业态、新职业的发展变化是世界各国职业教育穿越经济社会发展历史周期，破解产业发展、技能开发、稳定就业等困局的共同责任与历史使命。从《国务院办公厅关于深化产教融合的若干意见》（国办发〔2017〕95号）、《建设产教融合型企业实施办法（试行）》（发改社会〔2019〕590号），再到2020年中共中央、国务院印发的《深化新时代教育评价改革总体方案》…… “评价”一直在丰富企业参与专业人才培养的内涵，引导企业“多种方式参与学校专业规划、教材开发、教学设计、课程设置、实习实训，促进企业需求融入人才培养环节”。

众所周知，专业教学评价一直被视为专业建设的“指挥棒”和“风向标”。随着国际专业认证在中国的兴起和扩散，国内“产教融合”的校企“双主体”育人模式的趋势化和制度化，专业教学评价主体构成的多元化已成为教育界共识。实际上，企业自身携带不同的产业行业领域、职业岗位面向、典型工作任务、培养目标与人才规格、职业资格或技能等级证书等“需求导向”基因，在评价的过程中更容易化身为培养目标的“设计者”、培养过程的“施工者”、培养质量的“验收者”。因而，企业参与专业教学评价，其本质不是评价流程上的“工业”，而是工业标准视域下的“农业”。

但在实践中，企业参与专业教学评价往往呈现出“碎片化参与”“签名式评价”“文本化保障”现象，其背后折射出组织企业参与环节缺乏全过程性、运行机制缺乏规范性、保障体系缺乏协同性等核心问题，也有企业投入职业教育的动机、对职业教育教学规律认知的“信息蚕房”、参与专业教学评价行为偏好的影响。

本书以评价什么为切入点，怎么评价为发力点，谁来组织为支撑点，追根溯源评价的价值理性、工具理性和协同理性。同时，致力创设企业全链式评价的活动场景，适应企业对专业教学规律的认知风格，提出的评价实施策略与方法适应连接企业深度参与的评价行为，意在通过“概述和四个章节”描绘出企业参与专业教学评价实施路线图。

概述。教育评价既是学理性问题，也是技术性问题，需要统筹好理论逻辑、政策逻辑和实践逻辑的关系。无论是德国的“双元制”、英国的“现代学徒制”、澳大利亚的职业技术教育（Technical and Futher Education，TAFE）模式，还是美国的社区学院等，过往成功的职业教育都离不开企业的积极参与。遵循技术技能人才的培养规律，开展企业全链式参与专业人才培养全程的教学评价研究，通过“导评—施评—护评—扩散”，解决“评价什么”“怎样评价”“怎么组织”的问题，让企业化身为专业培养目标的“设计者”、人才培养过程的“施工者”、育人质量的“验收者”。这无疑是职业教育适应新经济、新技术、新业态、新职业对技术技能人才需求的应有之义。

第一章　导评：企业评价偏好模型与评价链的构成要素。围绕企业参与专业教学评价的沉浸式场景，如培养方案与课程标准制定、教材与实训基地建设、各类课堂教学、顶岗实习与毕业论文（设计）、雇主满意度、专业办学综合水平诊断等，重新认识与再定义专业教学评价。通过多层次分析法，按照人才培养前段、中段、后段、出口到专业三年办学的综合水平五个阶段，研究评价链的关键构成要素，形成覆盖专业人才培养全程评价的闭环。

第二章 施评：评价链的标准体系与评价反馈工具研究。"工欲善其事，必先利其器"，结合企业参与评价各关键环节的评价目的、教学特征，建立覆盖评价—采集—反馈—应用等可依据、可协同、可反馈、可改进的标准化准则，让企业参与评价能说到点子上、用到教学上，实现校企共同提升专业人才培养质量 1+1 > 2 的功效。

第三章 护评：企业参与评价的行为特征与第三方保障。由第三方机构组织企业参与评价并不影响企业参与评价的行为特征。主动实践型、被动接受型、技术牵引型和经济驱动型，这是由企业的成本偏好和技术偏好决定的行为特征。评价标准制定、评价专家遴选、评价组织实施等，始终是"一站式"评价组织在"一揽子"保障制度下开展"一条龙"服务的科学之路。

第四章 扩散：企业参与评价的模式推广与数字化资源。按照"创设情境—确定问题—协作解决—达成共识"的思路，结合企业参与专业教学评价各构成要素的内在逻辑及评价规律，构建评价标准化组织实施、传播媒介开发与培训的扩散体系，为企业参与专业评价"创新扩散"推广模式夯实基础。

用"评价"突破企业在"双主体"育人过程中"名义主体"的藩篱，更好地促进专业设置与产业需求对接，课程内容与职业标准对接，教学过程与生产过程对接，这无疑是一种更为经济有效的解决方案。面对新时代职业教育高质量发展大变革、快节奏发展中的滚滚红尘，探索企业全链式参与专业教学评价，"评价"终将会让职业教育产教融合的"意难平"化为校企合作的事事如愿。

2024 年 5 月 4 日

目　　录

概 述

职业教育是国民教育体系和人力资源开发的重要组成部分。发展职业教育已经成为世界各国应对经济、社会、人口、环境、就业等方面挑战、实现可持续发展的重要战略选择。当前，互联网、大数据、人工智能、区块链等技术逐渐融入经济社会各领域，世界各国空前重视产业链的全过程协同布局，纷纷制定数字经济发展战略，抢占未来发展制高点，加大研发人才、工程人才、技术人才、技能人才的校企协同培养。2020 年的欧洲新技能议程的《奥斯纳布吕克宣言》就提出，建设职业教育，适应劳动力市场结构性转变以解决市场困境问题。《中华人民共和国职业教育法》明确职业教育作为一种类型教育，与普通教育具有同等重要地位，担负着培养多样化人才、传承技术技能、促进就业创业的重要职责，肩负着“提高质量、提升形象”的新时代攻坚任务。

适应新经济、新技术、新业态、新职业发展变化是世界各国的职业教育穿越经济社会发展历史周期、破解产业发展、技能开发、稳定就业等困局的共同责任与历史使命。我国在中国式现代化的征程中始终遵循技术技能人才的培养规律，坚持产业、行业、企业、职业、专业“五业联动”，把产教融合、校企合作作为重要的产业政策与教育政策，融入经济转型升级、汇入强国战略的各个环节。政—行—企—校共同构建“双主体”育人机制，专业设置与产业需求对接，课程内容与职业标准对接，教学过程与生产过程对接，行—企—校共同建立专业、教学、课程、实习实训、资格技能证书“五位一体”的国家标准体系，校企共同打造“双师型”教师队伍，引导企业参与职业教育教学、人才开发的全过程。

一、成熟模式与本土探索：企业参与职业教育的国际比较与中国现状

国外企业参与职业教育在理论和实践方面有较为成熟的体系。美国学者巴纳特（R. Barnett）“三角保障理论”认为，高等教育的质量应由学术权力、国家权力和市场权力三者共同保障。学术权力强调“内视”的学术质量、知识质量；国家权力强调高等教育的绩效，强调高等教育在政治、经济、文化等方面的影响力；市场权力强调高等教育在雇主、行业、就业中的成果。从国外职业教育的发展来看，无论是德国的“双元制”、英国的“现代学徒制”、澳大利亚的职业技术教育（Technical and Futher Education，TAFE）模式，还是美国的社区学院等，都离不开企业的积极参与。特别是德国、美国等国家的职业教育促进产业经济发展的成功案例，均证明了“重点关注企业和学生需求，不断改进教育经历的质量，利用雇主满意度和学生满意度测评调整未来方向”是院校成功的三个基本因素。从文献搜索结果来看，国外“企业参与职业教育”多集中在产教融合、校企合作、现代学徒制、双元制、职业教育集团等宏观政策方面，如李俊（2016 年）提出德国企业参与职业教育并不只是出于社会责任，在一定程度上也符合企业成本利益的考虑，并对企业参与职业教育的制度困境进行了梳理；多淑杰（2016 年）指出德国现代学徒制，即双元制的治理是多方参与的过程，“三层双元”的多方参与治理结构既能确保企业的短期需求得到实现，也确保了教育目标和经济目标的实现；潘

海生等(2016)系统研究了企业参与职业教育策略变迁机理,并对企业参与职业教育的政策制度体系提出了建议。

国内企业参与职业教育探索方面有丰富的经验。从院校实践案例来看,我国“企业参与职业教育”的模式包括冠名班、订单班、校中厂、厂中校、集团化办学等。企业参与的通道主要有参与人才培养方案制定、专业建设、课程设置、教材开发、双师队伍、实训基地等,企业参与呈现“多样化的企业参与模式并存”“多方面的因素影响企业参与动机”“企业参与内容的全过程全要素集结”三大特征。

多样化的企业参与模式并存。综观我国近代职业教育的发展历史,从近代的“工学并举”,到新中国的“半工半读”,再到改革开放后的“校企合作”,企业始终是技能人力资本培养体系中的重要主体。一些学者通过调查问卷,利用国际比较研究量表、企业访谈、案例分析发现,无论是头部企业、专精特新“小巨人”企业、还是中小微企业参与职业教育表现出显著的个体化差异,校中厂、企校一体化、订单培养、企业培训、学徒冠名班、集团化办学等多样化的模式并存。从企业参与职业教育的内容来看,“参与学校教学基本建设和其他教学环节”(2006年,国家示范院校遴选)、“参与人才培养与评价”(2010年,国家骨干院校建设)、“参与专业教学、顶岗实习、岗位资格认证等方面的标准制定和教学评价”(2017年,《国家教育事业发展“十三五”规划》)、“参与学校专业规划、教材开发、教学设计、课程设置、实习实训”(2017年,《国务院办公厅关于深化产教融合的若干意见》)、“深度参与‘引企入教’”(2019年,《建设产教融合型企业实施办法(试行)》),到“利用资本、技术、知识、设施、设备和管理等要素参与校企合作,促进人力资源开发”“完善政府、行业、企业、职业院校等共同参与的质量评价机制,积极支持第三方机构开展评估”(2019年,《国家职业教育改革实施方案》,简称职教20条),政策不断丰富企业参与职业教育的内容、企业履行“实际主体”责任的范围逐步明确。

多方面的因素影响企业参与动机。不完全竞争市场条件下的培训理论认为企业参与职业教育的动力源于工资的变动效率无法与边际生产效率保持同步而形成工资挤压效应。工资挤压效应会随着技能水平的提升而不断放大,最终驱使企业有动机投资于技能培训。这其中主要有两种偏好型企业:技术偏好型企业和成本偏好型企业。除了受企业参与职业教育本身偏好差异性的影响外,组织体系的完善程度、税收优惠、财政补贴、专项资金等涉及利益的经济激励制度,企业的规模、技术水平、责任意识等企业属性都是决定参与职业教育的行为、动力、个性特征的影响因素。

企业参与内容的全过程全要素集结。我国的职业教育从宏观层面构建了职业教育联席会议制度、行业指导委员会、教学指导委员会等。在招生就业、人才培养方案制定、师资队伍建设、专业规划、课程设置、教材开发、实习实训基地建设、教学设计、教学实施、质量评价、科学研究、技术服务、科技成果转化以及技术技能创新平台与转移机构等方面,国家通过政策引导相关行业组织、企事业单位与职业学校构建共建、共享合作机制,使企业可以将其技术技能需求融入人才培养方案,并通过专业建设、课程开发、实习实训、评价鉴定等方式全过程参与人才培养。企业参与职业教育涉及的内容广泛,从近两届国家职业教育教学成果奖、近五年校企合作典型案例以及国家政策的关键词大数据可以得到验证,见表0-1。

表 0-1　企业参与职业教育的维度与关键词统计表

维度	关键词	维度	关键词	维度	关键词
管理制度	职业教育法律制度	教学资源	共建人才培养方案	参与模式	学校基础设施建设
	实习管理法律制度		共建课程		投资或合作办校
	社会责任制		共建教材		职教集团建设
	产教融合目标规划		共建教学标准		产业学院建设
	放管服改革等		共建实验室/实训基地		现代学徒制试点
	参与校董事会管理		1+X 证书试点合作		学分银行
公共服务	产教融合试点平台	师资互动	企业到校兼职教师	技术合作	技术技能大师工作室
	校企合作/人才信息服务平台		教师到企业培训员工		企业/学校横向技术服务
	企业捐资助学		“双师”培养/队伍建设		技术研发合作
	企业参与行业组织		教师到企业挂职锻炼		技术成果转化
实践培训	学生实习实训	评价考核	企业参与人才培养质量评价	激励政策	专项奖励
	半工半读				企业债券/贷款融资
	订单培养		绩效考核		税收优惠或减免
	社会职业培训				产教融合用地
	海外交流培训				政府购买服务支持

二、实践完整与规律缺失：国内外企业参与专业教学评价研究的现状

评价是对一件事或人物进行判断、分析其价值后的结论，作为一种观念性活动，具有判断、预测、选择、导向、激励等多项功能，“不能评价就不能管理”。开展专业评价，可以对专业建设情况进行判断、分析，有效地控制教学实施的质量“过程”，有效地管理教学实施的质量“结果”。吸纳企业参与专业评价，通过“企业之眼”，反思专业建设的各个实施过程，是提高职业教育质量的应然之举。

国外采用专业认证制度，即行业企业而非教育者在审核评估中占据主导地位的模式，来确保专业教育及时跟进行业发展需求和变化。作为专业教学评价的一种审核评估模式，在认证的组织程序方面，李亚东等（2019）认为管理、标准、技术是德国和英美专业认证科学规范的核心要素；认证活动的多元主张、认证团队的校企合一、认证程序的分类规范是德国和英美专业认证的共同特征。在认证的标准方面，李彦（2021）认为美国的专业认证标准由行-企-校共同制定并基于岗位工作标准，通过评价认证专业课程设置和教学是否能使毕业生拥有工作岗位所需的知识技能，促进培养目标与从业标准之间的有效衔接。在认证的评价指标体系方面，赵俊梅等（2015）分析了德国“双元制”企业满意度评价指标体系的构成，认为企业对专业的运行与组织评价、培养质量评价、劳动市场认可度评价等可以全方位反馈专业人才培养质量满足经济社会需求的水平。

国内也建立了一套具有国际等效的工程类专业认证体系，但实施主体主要来自教育行政管理部门，包括对专业设立前的审批备案、设立后的合格评估及各级各类品牌特色精品专

业的优选评价、分类排名等,企业参与的程度不深。这种由教育行政管理部门主导的代表“国家权力”的专业评价,经过多年的实践与积累,其评审指标、评审程序,已有相对成熟完整的组织实施体系。这些评价在帮助专业短期内快速规范化的同时也产生了一些后遗症:依赖专业评价指标办专业,甚至是为了评价而评价,评价前通宵达旦加班整理材料成为专业评价过程的“风景线”。

通过“企业之眼”,提高专业人才培养满足行业企业发展对人才培养规格的需求,是专业评价的价值所在。目前,我国主要通过政策倩影模式,即“产教融合”政策自上而下推进教育链、人才链与产业链、创新链的有机衔接。2017年《国务院办公厅关于深化产教融合的若干意见》提出“引导行业企业深度参与专业教学、顶岗实习、岗位资格认证等方面的标准制定和教学评价”,2019年《建设产教融合型企业实施办法(试行)》提出产教融合型企业要“深度参与‘引企入教’”……政策从引导学校“来做”已然走向指引企业“去做”。但鉴于企业参与评价实践过程的复杂性,现有的研究不仅滞后于政策的制定,还往往偏安一隅。如在构建评价内容的认知方面,洪家芬等(2018)分析了行业企业参与第三方评价的内涵与优势;张龙(2021)提出企业深度融入专业课堂教学评价需建立参与、运行等机制。在评价标准的制定方面,张宏亮(2015)围绕专业人才培养方案、培养过程、培养质量提出企业参与评价的指标体系;李青等(2018)通过对现有专业评价指标的分析,重构“自我诊断+企业参与”专业评价指标体系,包括“专业目标与教学过程”“师资队伍”“招生学习与就业”“服务对象满意度”“技能竞赛或创新创业大赛”5个一级指标、15个二级指标、30个观测点,解决评价标准的第一性、主体双向适应性、结果应用导向性等问题;侯佳等(2019)围绕人才培养的条件、过程、结果,研究以企业等第三方为主体的高职院校教学评价的指标及内容。

以育人为研究逻辑起点的专业评价,由于其“感性”的生命底色与质性研究的价值导向具有内在耦合性(朱德全等,2021),依赖专业认证这一终结性评价活动并不能满足企业参与评价事实与评价价值的二元统一。从现状看,无论是学术派的研究还是院校派的实践,尚没有系统揭示学校主导、第三方组织、企业深度参与专业教学评价的价值动机和内在规律,亟需开展以下三个方面的实证研究:一是覆盖专业人才培养关键环节的评价链组成要素的研究;二是融合企业视角融入企业认知规律的评价标准体系的研究;三是组织企业参与评价的第三方机构组织特征和运行机制研究。研究的底层逻辑是解决培养目标对真实岗位能力需求的反应速度问题,最终实现培养出能够进行较复杂操作和解决较复杂问题的“现场工程师”“企业干匠”“行业巧匠”“大国工匠”这一终极目标。

三、丰富内涵与提升适应性:我国企业参与专业教学评价的时代意蕴

评价的本质是基于价值事实的价值判断(瞿葆奎等,1989),主要特征是多元性,包括评价主体、评价功能和评价标准等(吴迪,2001)。国内外对专业评价的研究始于20世纪50年代末,涉及行动主体、评价标准、评价方法、评价技术、评价机制、评价制度、实践策略等(杨红荃等,2016)。受美国第四代评价理论“回应”“协商”评价理念的影响(埃贡·G·古贝,2008),我国企业参与职业院校专业评价正由认识论的表层描述向价值论的深层研究转变(张新民,2018;李庆丰等,2020;任占营,2022)。

国外学者认为,影响企业参与教育活动的动机包括内在起因、外在诱因和自我调节三个

因素。德国、瑞士等双元制国家，英国、澳大利亚等盎格鲁-撒克逊体系国家将全程监督专业培养质量、参与制定技能标准与质量评价框架上升为法律上的企业社会责任（陈越等，2023）。这一外在诱因，影响了企业获取竞争性资源、提升品牌广告效应、对负面事件设立保险机制等内在战略性需要。在内在起因方面，我国学者认为企业由于产权属性、核心生产要素、规模迥异，影响其参与职业教育动机的因素会各不相同，但都与技术依赖、成本偏好相关（潘海生，2014；冉云芳、石伟平，2023）。评价动机会影响企业评价的活动主张，其中涉及的管理行为、业务行为及其相互之间的自我调节关系，决定了校企双方的分工协作、建立利益分享机制、畅通沟通渠道，实现评价目标的达成。

外部环境、制度属性、制度机会和行为主体是影响教育评价制度变迁、理论跃迁的重要因素。2019年国家发展改革委、教育部印发《建设产教融合型企业实施方法（试行）》为企业深度参与专业教学提供了政策依据，2020年中共中央、国务院印发的《深化新时代教育评价改革总体方案》倡导多元主体参与的专业化评价，2022年《中华人民共和国职业教育法》首次将职业院校吸纳行业组织、企业参与教育质量评价上升至法律层面。实际上，教育评价不仅是学理性问题，也是技术性问题，需要统筹好理论逻辑、政策逻辑和实践逻辑的关系。通过实证研究，综合运用教育学、经济学、统计学、评价学等跨学科知识，按照人才培养前段、中段、后段、出口到专业三年办学的综合水平，开展企业全程参与专业人才培养的教学评价研究，解决“评价什么”“怎样评价”“怎么组织”的问题，让企业化身为专业培养目标的“设计者”，人才培养过程的“施工者”，育人质量的“验收者”，其时代意蕴主要在于以下两方面。

一是丰富企业参与专业教学评价的理论内涵和实践基础。通过探究覆盖专业人才培养全程评价链的组成要素，甄别影响企业深度参与的核心因素，把握企业参与的内在规律，理解企业参与的价值动机，增强职业院校在校企合作评价中培养技能强手的适应性。

二是提升专业人才培养对产业技术进步的反应速度与适应性。通过创设企业参与教学评价的沉浸式工作场景和标准化参与的规范，引导在相应技术领域有话语权，具备职业技术领域知识的产教融合型企业参与评价专业，为企业深度参与专业教学评价提供理论依据、组织规范和政策指导。通过评价让企业在“双主体”合作育人中能唱好主角，说到点子上，用到教学上，突破校企双元育人“名义主体”的藩篱，更好地将工作岗位对人才需求及时反馈给专业，推动教育链、人才链、产业链、创新链的有机衔接。

第一章 导评:企业评价偏好模型与评价链的构成要素

“评价”源自宋代王栐《燕翼诒谋录》,徐朔方《长生殿·前言》《宋史·隐逸传上·戚同文》。评价是对一件事或人物进行判断、分析其价值后的结论,作为一种观念性活动,具有判断、预测、选择、导向、激励等多项功能。“不能评价就不能管理”。企业自身携带不同的产业行业领域、职业岗位面向、典型工作任务、培养目标与人才规格、职业资格或技能等级证书等“需求导向”基因,在参与相关专业评价的过程中更容易化身为培养目标的“设计者”、培养过程的“施工者”、培养质量的“验收者”。

第一节 企业参与专业教学评价的偏好

由于不同企业产权属性(国有、合资、民营)、核心生产要素(劳动密集型、技术密集型)、规模(大型、中小型)迥异,影响企业参与职业教育专业评价(动机)的因素也各不相同。契合当代的专业质量保证机制的功能性需求,架“引企入教”之桥实现专业教学评价的价值理性,让企业参与评价的结果成为专业改进教学方案,教师改进教学行为的“造血细胞”,是当下专业教学评价的阶段性现实选择。

一、认知与情绪:“信息茧房”与“知识鸿沟”现象

企业参与专业教学评价存在“信息蚕房”和“知识鸿沟”。西方学者凯斯·R.桑坦斯(Cass R. Sunstein)在《信息乌托邦》一书中指出:“人们由于习惯性地将自己包裹在由兴趣引导的信息领域,从而像生活在‘茧房’。”“信息茧房”是受众长时间自觉选择与自我兴趣相符的信息所造成的影响个体拓展认知的封闭信息环境,它的负效应可以概括为三点:一是个体信息“碎片化”下的认知偏差;二是个体“情绪偏爱”下的被动选择性接受;三是群体效应影响下个体的非理性共享。

实际上,根据拉扎斯菲尔德(Paul F. Lazarsfeld)的观点,任何信息都是在理解并形成记忆之后才对个体产生长期影响的。当一项评价活动的任一评价信息从理解经过记忆开始形成评价个体的行动时,由于个体之间思维方式的长期差异,经过两次变异的评价信息会导致个体采取不同的行动。正如前面介绍的,企业和学校是两个不同的社会主体,在评价过程中获取的专业人才培养信息(理念、模式、方案、规格、课程、组织、过程、评价、保障等)的速度、广度和深度是不一样的,两者之间存在“知识鸿沟”。企业和学校在开展专业教学评价时对不同教学环节的评价内容和评价工作的理解、记忆和行为,往往更倾向于根据自己的偏好来选择自己感兴趣的信息,即便有评价标准也不是标准本身要求的所有信息。因而在评价的过程中需要校企建立评价共识,通过“对话”驱动意见趋同,通过“信任”驱动行动融合,通过

“反思”寻求价值重叠，从而实现企业参与专业教学评价的公共理性。否则，在信息不对称且双方思维方式存在差异的条件下，企业参与专业教学评价就免不了出现“一头热”“走过场”“碎片化参与”“签名式评价”“文本保障”等逆向选择的现象。这样不仅使评价目的无法达成，评价结果偏离预期，而且容易引发类似于劣等产品驱逐优等产品的现象。

因此，破解企业参与专业教学评价的“信息茧房”、填平“知识鸿沟”，需要达成评价共识。通过认识企业参与专业教学评价各构成要素的内在逻辑及评价规律，开发各环节的评价标准和评价反馈标准化工具，研究“一站式”第三方评价机构组建原则，制定企业深度参与的实施对策，解决企业这一“实际主体”参与评价缺乏规范化的问题，落实企业评价责任，才能走出“柠檬困境”。

二、动机与行为："技术偏好"与"成本偏好"逻辑

影响企业如何参与职业教育专业评价（行为）的因素具备复杂性、复合性、多样化的特点。企业参与的行为、动机、个性特征往往和以下因素有关，如组织体系的完善程度，税收优惠、财政补贴、专项资金等涉及利益的经济激励制度，又如企业的规模、技术水平、责任意识等企业属性。企业参与动机是参与行为、参与个性特征之源，起决定性作用。按照不完全竞争市场条件下的培训理论提出的工资挤压效应，企业参与职业教育的动机主要有技术型和成本型两类偏好。

1. 技术偏好型企业

对于技术偏好型企业，其参与职业教育的动机主要来自“借助外界的力量开展科技攻关，给企业带来新的技术”“促进企业技术人员的知识整合和更新，为正式员工提供在职培训”“通过提供实习岗位和实训设备，把企业的标准纳入技能人才培养过程以获取成熟的员工”三个方面。技术偏好型企业强调对技术、技能、资本的追逐，技能需求和技能溢价呈现出与人力资本和技术进步同步增长的趋势。

2. 成本偏好型企业

成本偏好型企业参与职业教育的动机主要来自“降低用工成本”“满足季节性或特殊项目的用工需要”这两个方面。

深化“引企入教”内涵式发展是产教融合、校企合作的新“风向标”。无论是技术偏好型还是成本偏好型，尊重处理好教育公益性和企业营利性异质定位的关系，采用“金融+财政+土地+信用”组合式激励体系，激活人力资本市场与产业要素，驱动工资挤压效应扩散化、提升企业全过程全要素参与专业教学评价，需要所有参与评价方达成评价共识，将需求与要求说到点子上、用在教学上。但不可否认的是，“升格至上”“科研考核至上”导致的“教学漂移”，让专业培养的质量真正满足行业企业需求成为一句口号。特别是企业对评价的“趋利效应”，使得吸纳企业参与专业教学评价成为一些院校应付上级或申报项目的“临时演员”。激发企业参与评价的行为动机，主要来自政府和公众对大学人才培养质量问责的有限的社会环境。

第二节　全过程参与评价链的构成要素

开展专业教学评价,可以对专业建设情况进行判断、分析,有效地控制教学实施的质量“过程”,有效地管理教学实施的质量“结果”。

一、保障性与连接性:企业参与评价的价值诉求与反思

“评价”是一种“让改变发生的工具”。正如“概述”提到的巴纳特“三角保障理论”,教育质量应由国家权力、学术权力和市场权力三者共同保障。“学术权力”意在发挥专业内部的自我评价,目的是开展以办学目标和学生毕业能力达成度为导向的反思性评价,构建专业自我保障、持续改进的自我批判性文化。“市场权力”意在发挥外部的他方评价,目的是开展以培养目标和学生毕业能力达成度为导向的合格性评价,构建多方参与的专业质量保证机制。目前,我国高职专业保障体系“国家权利”一角独大,“学术权力”和“市场权力”双角缺乏,“三角保障”成“一角防火”。已有经验表明,缺乏双角驱动的被动型评价,并不能必然地提升专业办学质量,正如范·富格特(Van Vaught)所言:“在高等教育质量保障中,只有当高校教师认为质量保障活动是其分内之事,整个活动才可能成功”。

当代专业教学评价应该把“企业参与”作为协助专业连接社会需求、以“他方之眼”帮助专业构建持续改进的批判性文化的必要过程,而不是如何得到“第三方评价”的结果。从专业外部他方评价的范例来看,这种评价既有理论上的中立优势也有操作中的居中劣势。优势在于第三方评价能够帮助专业从人才培养规律与学生职业发展的角度认识自我,走出“乌比冈湖效应”。劣势在于第三方评价一次性参与专业评价的“居中趋势”易使评价结果不能以“他方之眼”带来高质量的教学改进。

二、多元化与适应性:重新认识与再定义企业参与评价

专业教学评价一直被视为专业建设的“指挥棒”和“风向标”。随着国际专业认证在中国的兴起和扩散、国内“产教融合”校企“双主体”育人模式的趋势化和制度化,专业教学评价主体构成的多元化已成为社会共识。企业参与专业教学评价,是以特定的专业为评价对象并由专业主动发起,第三方评价机构组织以某一指标体系为参照尺度,系统分析专业建设的优势和劣势、面临的危机与挑战,进而提出建设性策略和改进行动方案的活动。在这个过程中,评价指标涉及专业建设的输入性环节、实施性环节、结果性环节等,需要双向适应评价双主体。在评价目的方面,旨在突破企业在“双主体”育人过程中“名义主体”的藩篱,通过“引企入教”促进专业设置与产业需求对接,课程内容与职业标准对接,教学过程与生产过程对接,让专业人才培养更好地适应经济社会的快速变化。

三、全程链与关键点:企业参与评价链的构成要素筛选

分析专业在人才培养过程中各项教学活动场景涉及的评价要素,以专业在人才培养的三年时间为一个周期,将专业人才培养的教学活动划分为前段、中段、后段、出口到办学水平综合诊断五个阶段。按照“创设情境—确定问题—协作解决—达成共识”的建构型思维,围

绕五个阶段的沉浸式场景，采用文献研究法、多层次分析法、参与性观察、深度访谈、案例分析法，“认识—解构—分析—整合”企业参与专业教学全过程评价的构成要素以及各要素之间的内在逻辑，构建覆盖专业人才培养全程闭环的评价链。包括：人才培养方案、课程标准制定、课堂教学、顶岗实习、毕业设计论文、雇主满意度、专业办学水平综合诊断（师资队伍建设、教材与课程线上教学资源建设、实验实训基地建设、职业资格证书、技能竞赛等学习成果）七个关键环节，见图 1-1。

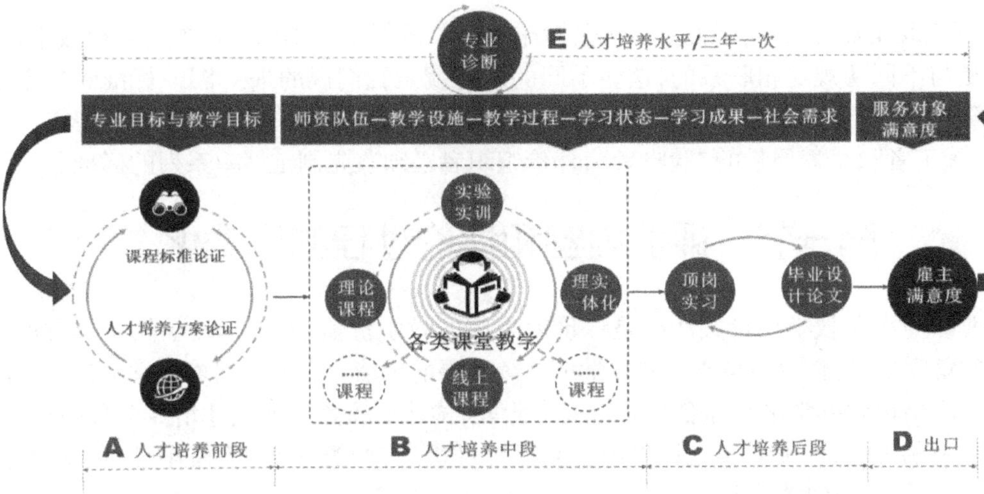

图 1-1　企业参与专业教学评价的“五个阶段”“七个环节”

通过前段、中段、后段、出口前四个阶段的过程性评价与第五个阶段专业办学水平的综合性评价相结合、校内两级督导的内部评价与“第三方”外部评价相结合，构建企业参与覆盖专业人才培养全程的闭环。

第二章　施评：评价链的标准体系与评价反馈工具研究

“标准”既是对过去经验的总结，也是对未来结果的保障。不同主体参与专业教学评价的行为是与不同的规定相联系的，这些不同的规定就是我们说的“标准”。标准无处不在，又总是随历史前行，为了让企业参与专业教学评价后能够成为培养目标的“设计者”、培养过程的“施工者”、培养质量的“验收者”，评价组织者必须事先制定好一系列的标准。

第一节　评价内容和评价过程的标准化

企业参与专业教学评价关注的是评价后生成的教学价值，而不是教学如何应对评价。从发展的角度来看，企业参与要创造教学可持续发展的价值。在人才培养教学活动的前段、中段、后段、出口到办学水平综合诊断这五个阶段，构建的覆盖专业人才培养全程闭环的七个关键环节的评价链，需要实施评价内容和评价过程的“两类标准化”操作，让企业参与评价能说到点子上、用到教学上。

一、培养前段：规范人才培养方案与课程标准的论证

从源头发力，制定企业参与人才培养方案和课程标准的论证规范，开发“人才培养方案论证意见表”“课程标准论证意见表”，引导校企合作专业建设指导委员会、职教集团专业教学指导委员会、紧密合作型企业、学校督导队伍中的企业委员、企业专家、企业督导在参与评价论证两大基本教学文件时关注专业培养目标的职业面向、岗位能力，培养体系的“岗课赛证”融通，培养内容的行业规范、职业资格，以及技能养成的教育规律、教学规范。

1. 培养方案论证规范

（1）人才培养方案的内涵。专业人才培养方案是职业院校落实党和国家关于技术技能人才培养总体要求，组织开展教学活动，安排教学任务的规范性文件，是实施专业人才培养和开展专业评价的基本依据，是企业参与专业教学评价的关键落子。

（2）人才培养方案论证意见表。遵循《教育部关于职业院校专业人才培养方案制订与实施工作的指导意见》（教职成〔2019〕13号）的主要内容与基本要求，按照职业面向要“准”，培养目标要“明”，培养规格要“稳”，课程设置要“厚”，学分置换规则要“实”，毕业及学分标准要“细”，实施保障要“全”的论证原则，采用结构化的表单，引导企业重点评价培养目标、培养规格与职业面向、工作岗位、职业核心能力的一致性，课程体系、教学计划对培养目标、毕业要求、核心能力培养（典型岗位、资格证书和赛项任务）的支持度和有效性，具体样例见表2-1。人才培养方案作为制定课程标准，规范教案编写，做好课程总体设计，按程序选用教材，合理运用各类教学资源，组织好教学实施过程的基础性文件，参与评价的企业需

要掌握必备的教学概念，理解相关教学术语，见【拓展1】。

表2-1　人才培养方案论证意见表（企业督导/行业企业专家）

二级学院			
专业名称及代码		培养模式	
论证时间		论证地点	
论证意见	1. 基本观测判断 （1）专业名称及代码、专业群名称及群内各专业代码是否规范。 （2）专业入学要求、学制与学位是否符合规定。 （3）学分标准及毕业要求是否符合规定，如必备的证书，体育、美育、劳育学分。 （4）总学时、实践教学环节是否符合管理规定。 （5）学分置换规则是否体现了“岗课赛证”融通，以及对学生创新创业能力的激励。 2. 培养目标及专业核心能力 （1）职业面向的准确性：是否对应服务本地域的行业或产业领域，以及所从事的主要职业类别、岗位类别以及相应的职业技能等级证书等。 （2）培养目标的一致性：培养目标、培养规格与职业面向、工作岗位的是否一致。 （3）课程体系的“岗课赛证”融通性：是否体现了理论基础的宽、实践能力的专、职业素养的厚，坚持培养目标与职业资格培养相对应。 （4）课程设置的吻合性：设置门数、种类是否能支撑专业核心职业能力的养成。 （5）专业核心能力符合性。 3. 教学计划及课程实施保障 （1）教学计划的合理性。 （2）组织机构、师资队伍、教学设施（课程教学、实习实训所需的专业教室、实训室和实训基地等）对培养方案实施的保障力度。 （3）教学资源、教学方法对培养目标达成的支持力度。 （4）教学管理、质量监控、毕业生跟踪反馈等保障机制对培养目标的保障力度。 4. 改进建议 行业企业专家（签名）：			

【拓展1】“七条”职教本科专业人才培养方案编制注意事项

一、职业面向要“准”

职教本科人才培养方案既有普通高等教育人才培养方案的特征，又具职业教育的个性。职教本科的专业人才培养目标，更多的是培养服务区域发展的高层次技术技能人才，因此在制定人才培养方案时，要更加注重对区域行业企业技术发展状况、人才需求状况和就业岗位典型工作任务的深入调研，以突出人才培养的区域性、职业性、适应性、技能性。要明确对应服务本地域的行业或产业领域，以及所从事的主要职业类别、主要岗位类别和相应的职业技能等级证书等。

二、培养目标要“明”

《中华人民共和国职业教育法》（以下简称《职教法》）已明确职教本科属于本科层次的职业教育，是现代职教体系中的重要一环。人才培养方案的制定要坚持“职业性”，突出体现培养面向生产、建设、服务和管理第一线需要的高素质技能型复合人才。

培养目标的描述要突出知识与技能的高层次,能够具有解决较复杂问题和进行较复杂操作的能力,注重科技成果、实验成果转化,以及生产加工中高端产品、提供中高端服务。培养目标一般描述包括:本专业培养德智体美劳全面发展,掌握 ×× 基础理论、 ×× 技术等知识及相关法律法规,具备 ×× 能力,具有 ×× 精神和信息素养,能够从事 ×× 等工作的高层次技术技能型复合人才。

三、培养规格要“稳”

培养规格一般要包括三个方面。

(一)素质结构

(1)职业素质。一般包括爱国守法、明礼诚信、团结友善、勤俭自强、敬业奉献。

(2)身心素质。一般包括健康的体魄,良好的卫生和生活习惯,良好的意志力,承受挫折的能力,心理自我调节的能力,乐于接受新事物、适应环境及其变化的能力。

(3)创新素质。 一般包括创新意识、创新思维、创新能力、创新人格等。

(二)知识结构

(1)基础知识。掌握人文科学基础知识和自然科学基础知识,主要包括政治理论、科学文化、道德规范、法律常识等。

(2)专业知识。掌握本专业领域必需的技术基础理论知识和本专业领域某个专业方向的专业知识, 与本专业相关的高新技术、前沿知识,了解其他相关专业的知识等。

(三)能力结构

(1)通用能力。一般包括表达能力、沟通能力、合作能力、学习能力、信息技术应用能力、创新能力等。

(2)专业能力。与本专业相关的专业技术技能,职业实践能力,可持续发展能力等。

四、课程设置要“厚”

课程体系是人才培养目标的具体化,是人才培养方案的主要落脚点。职教本科课程体系是否完善合理,直接关系到人才培养质量,是人才培养方案设计的重点与难点。课程体系的重构要体现理论基础的宽、实践能力的专、职业素养的厚,坚持培养目标与职业资格培养相对应,实现“课证融通”。

(一)课程体系设置原则

坚持“能力为重,理论与职业并重”的原则,按照职业岗位(群)的任职要求系统设计课程体系。既要考虑社会和就业市场的需求,明确专业对应的核心岗位,又要根据核心岗位的工作任务要求,进行核心岗位能力分析,明确专业对应的能力目标。根据职业能力的要求,系统设计、解构重构以能力为重的课程体系。同时,通过校企共建课程体系,保证课程对核心岗位的针对性和适应性,使理论课程与实践课程达到有机融合。各类选修课学时不少于总学时的 10%。

(二)课程体系设置理念

聚焦本地产业行业以及区域经济发展需求,依托岗位技能需求,采用模块化设计理念,构建适度超前的岗位能力模块化课程体系,培养岗位群内多岗专才,为助推 ×× 产业和粤港澳大湾区经济发展而服务。

（三）专业核心课程设置

课程设置应该将工作过程、职业资格证书、技能大赛等行业新工艺、新技术、新设备等作为课程设置的逻辑起点，构建符合本校专业特色的课程体系。一般包括核心课程名称、典型工作任务描述、职业资格标准、技能大赛规范、课程教学目标、必备教学资源、主要教学内容、主要教学方法等。

（四）专业实践实习设置

专业实践实习设置包括社会实践、认知实习、跟岗实习和毕业实习等教学环节，具体内容包括实践实习项目、实践实习目标、设施设备、实训场所时间安排、考核要求等项目。实践教学课时占专业课时比例≥50%，实验实训项目（任务）开出率100%。

五、学分置换规则要“实”

学生在校学习期间，可以通过获取的职业技能等级证书、技能竞赛获奖证书、创新创业业绩、科研成果或在中国大学慕课（MOOC）平台、国家开放大学学分银行等取得的课程学分置换部分课程学分。学分置换要根据学分获取的必要学习投入时间、成果获得的难易程度等设立明确的置换标准。

六、毕业及学分标准要“细”

（一）学分标准

四年制职教本科总学时不少于3200学时，通识课程总学时不少于总学时的30%，各类选修课程的学时累计不少于总学时的10%。实践性教学学时原则上不少于总学时的50%。理实一体化课程每16学时折算1学分，实训课每28学时（一周）折算1学分，各专业须根据实际情况确定本专业课程的具体教学进程计划。

（二）毕业标准

（1）学分要求。根据专业人才培养方案确定的培养目标和培养规格，学生须全部课程考核合格，修满专业总学分，且符合学校学籍管理相关规定方可毕业，符合学位授予条件的按规定授予学位。

（2）体育测试与美育。修满规定学分，并且《国家学生体质健康标准》测试的成绩达到50分以上，否则以结业处理；必须修满1学分美育课程。

（3）专题教育。依据《职业教育提质培优行动计划（2020—2023年）》（教职成〔2020〕7号）要求，必须修满职业精神、工匠精神、劳模精神等专题教育不少于1学分（16学时。）。

（4）学分积累与转换。鼓励学生毕业时取得职业类证书或资格，或者获得实习企业关于职业技能水平的写实性证明，并通过职业教育学分银行实现多种学习成果的认证、积累和转换。

七、实施保障要“全”

（一）组织机构保障

（1）专业建设指导委员会。成立由行业企业专家、教科研人员、一线教师和学生（毕业生）代表组成的专业建设委员会，校内专业骨干和校外行业或企业专家组成团队负责专业建设的规划、指导、咨询、论证等工作。

（2）专业教研室。夯实基层教学组织功能，实施专业教研室双带头人制度，负责专业教学活动的组织实施、专业建设项目、教育教学改革等工作。

(二)师资队伍保障

(1)专任教师数量、职称以及学历结构。专业专任教师与专业全日制在校生之比≥1∶20,数量充足;教师队伍应考虑职称、年龄、学历等因素,形成合理的梯队结构。其中:高级职称专任教师比例≥30%、研究生学位专任教师比例≥50%、博士研究生学位专任教师比例≥15%。

(2)“双师”师资队伍。根据专业师资队伍“双师型”教师不同阶段的发展需求,提供教育教学、岗位实训、企业实践等机会,按照《教育部办公厅关于做好职业教育“双师型”教师认定工作的通知》(教师厅〔2022〕2号)、《职业教育“双师型”教师基本标准(试行)》有计划培育专任教师的双师能力,“双师型”教师占比≥50%。

(3)“三能型”教师素质。专任教师依托省级及以上技术研发推广平台不仅能高质量讲授理论课,也能有效指导实训课和技能大赛,还能为企事业单位开展项目策划、咨询与服务、新产品开发等社会服务,职业培训人次每年不少于专业在校生人数的2倍。

(4)兼职教师主要来自本专业合作企业技术能手、工艺标兵、行业专家等,具备良好的职业道德和工匠精神、扎实的专业知识和丰富的工作经验,具有中级及以上职称,能承担专业课程教学,指导实习实训等教学任务,有较强的责任心,良好的沟通能力,服从学校的管理规定,有足够的精力投入其承担的教学工作。来自行业企业兼职教师承担专业课授课课时占专业总课时比例≥20%。

(5)专业带头人不仅要“三能”,还要具备副高以上职称和高级职业技术等级证书,以及丰富的企业工作经验和国际化视野,在区域行业具有一定影响力,如是省级及以上教学名师、高层次人才,是省级及以上高水平教师教学(科研)创新团队带头人,或获得省级及以上教学领域奖励2项以上。

(三)教学设施保障

教学设施保障主要包括能够满足正常的课程教学和实习实训所需的专业教室、实训室和实训基地。校内场地包括校内普通教室和多媒体教室、真实场景或虚拟仿真实践场所、体育馆、阅览室、心理咨询室等;校外场地包括认识实习、跟岗实习、顶岗或岗位实习基地。与相关领域产教融合型企业建立稳定合作关系,根据《教育部等八部门关于印发职业学校实习管理规定的通知》(教职成〔2021〕4号)第八条要求,实习岗位应符合专业培养目标要求,专业对口或相近。

(四)教学资源保障

教学资源保障主要包括能够满足学生专业学习、教师专业教学研究和教学实施需要的教材、图书及数字化资源等。按照教育部关于印发《中小学教材管理办法》《职业院校教材管理办法》《普通高等学校教材管理办法的通知》(教材〔2019〕3号),学校或专业要成立选用教材委员会、制定教材管理办法,教师按程序选用教材并备案。

(五)教学方法保障

普及项目教学、案例教学、情境教学、模块化教学等教学方式;广泛运用启发式、探究式、讨论式、参与式等教学方法;推广翻转课堂、混合式教学、理实一体教学等新型教学模式,打造“金课堂”;总结推广现代学徒制试点经验(如有)。

（六）质量体系保障

（1）学校和二级学院要建立健全专业教学质量监控管理制度。改进结果评价，强化过程评价，探索增值评价，健全综合评价。完善人才培养方案、课程标准、课堂评价、实验教学、实习实训、毕业设计以及资源建设等质量标准建设，通过教学实施、过程监控、质量评价和持续改进，确保达到人才培养规格要求。

（2）学校和二级学院要持续完善教学管理运行机制。加强日常教学组织运行与管理，定期开展课程标准制定、在线学习资源建设、日常教学管理规范、专业诊断与改进工作；健全巡课、听课、评教等课堂教学质量管理制度；建立与企业联动、行业深度参与的覆盖人才培养全程的教学督导制度。

（3）建立"学校—二级学院—专业"毕业生跟踪反馈机制及社会评价机制。对生源情况、在校生学业水平、毕业生就业率与就业质量、雇主满意度、学生毕业后发展情况等进行分析，定期评价人才培养质量和培养目标达成情况，让专业人才培养质量更好地适应经济社会发展的快速变化。

（4）做实专业教研室的基层教学组织功能。建立集中备课、说课、定期开展公开课、示范课等同行互助同行评议教研活动；组建创新型教学团队，教材建设体现活页式、工作手册式、数字化等新要求新趋势，教学方法改革与信息技术深度融合，建立定期召开教学改革研讨会议制度；有计划开展深度自评，建立教学反思机制，利用评教结果促三教改革，打造金课，持续提高人才培养质量。

2. 课程标准论证规范

1）课程标准的内涵

课程标准是对某门课程的目标、内容、实施要求、教材编写、教学资源准备、学业评价考核等要素的实施规定，是对一门科目课程结束后应达到的知识、技能、素质等学习结果所做的具体描述，是课程落实课堂教学组织与实施重要的指导性文件、实现专业人才培养目标的重要保障，也是教育行政部门管理和评价课程的手段。课程标准与职业标准既相联系又有本质的不同。职业标准是以职业活动为核心，以职业能力为导向的国家标准体系，反映当前职业对从业人员能力水平的规范性要求，其对知识、技能、态度的要求是职业教育课程标准编制的主要参照标准，具有影响和规范职业教育的作用。而职业资格证书是职业标准的表现形式，反映劳动者具备某种职业所需要的特定技能、专门知识和工作经验的证明，将相关的职业资格证书纳入课程标准，体现了"岗课证"融通的职业教育理念。

2）课程标准论证意见表

按照《教育部关于职业院校专业人才培养方案制订与实施工作的指导意见》（教职成〔2019〕13号）的实施要求，课程标准的制定应遵循课程定位要"准"、课程目标要"明"、教学设计思路要"新"、典型工作任务要"实"、学时进度要"细"、考核评价要"进"、实施保障要"全"的原则。课程标准论证意见表以结构化的表述，引导企业落实落细"价值塑造、能力培养、知识传授"三位一体的育人理念，重点评价课程目标、教学资源、教材选用、课程思政、考核方式对岗位核心能力培养目标的支持度，具体样例可参考表2-2。课程标准作为教案的编写依据，是做好课堂教学设计，按程序选用教材，合理运用各类教学资源，组织好教学实施过程的基础性文件，参与评价的企业需要掌握必备的教学概念，理解相关的教学术语，见【拓展2】。

表 2-2　课程标准论证意见表（企业督导/行业企业专家）

开课单位		适用专业	
课程名称		课程学分、学时	学分：　　参考学时：
课程类别	□通识基础课 □专业基础课（群平台课）□专业核心课 □专业拓展课 □综合能力课		
课程类型	□ A 类（纯理论课）□ B 类（理论+实践）□ C 类（纯实践课）		
论证时间		论证地点	
论证意见	1. 基本观测判断 1.1　与人才培养目标的一致性 （1）“基本信息”是否根据培养方案“课程设置及要求”确定。 （2）“课程定位”是否根据培养方案“职业面向”“工作岗位与职业能力”确定。 （3）“课程目标”是否根据培养方案“培养目标及培养规格”确定，包括知识目标、能力目标、素质（思政）目标。 1.2　突出职业能力与职业技能培养 （1）“课程设计理念与思路”是否传递新政策、新理念、新模式，是否体现了将新规范、新技术、新工艺、新知识等纳入教学内容，培养学生的知识、技能与素质。 （2）“典型工作任务”是否结合行业、职业或职业群中的若干岗位需要完成的工作确定，是否体现“岗课赛证融通”。 （3）“学时进度”是否结合培养方案“课程设置及要求”确定课程的教学内容、学习任务、训练项目，是否细化教学目标，是否采用项目教学、案例教学、情境教学、虚拟仿真等有利于增强学生学习意愿、提升学习能力的教学方法与手段，进行学时分配。 （4）“考核评价”是否按照过程考核与结果考核相结合、自评与教师—企业导师—学生—顾客等不同评价主体相结合、校内考核与企业考核相结合等多元多维视角考核学习成效。 （5）“实施保障”是否涵盖教学资源、教学团队、教学设施、教学方法、质量管理等。 1.3　培养创新意识 （1）“学情分析”是否体现了学生的知识结构、学习动机、学习习惯、思维特点等。 （2）是否设计了培养学生创新能力的项目、任务、活动等，满足学生职业生涯的需求。 2. 改进建议 行业企业专家（签名）：		

【拓展 2】“十一条”职教本科专业课程标准编写注意事项

课程标准的主要内容包括课程基本信息、课程定位、课程目标、课程设计理念与思路、典型工作任务分析、学情分析、课程内容和教学要求、教学方法与手段、学时分配与进度要求、教学实施场所、考核评价方式、课程目标达成要求和教学实施保障等。

一、课程基本信息

课程基本信息主要包括课程名称、课程代码、开课单位、课程性质（必修/选修）、课程类别（通识/平台/专业等）、课程特色（理—实一体/校企合作等）、学分、学时、修学学期、选修课程、后续课程、适用专业和对应职业资格证或内容等。

二、课程定位

课程定位说明本课程的主要任务及其在专业人才培养中的地位与作用。

三、课程目标

课程目标可从知识、能力和素质等方面及其对职业岗位的支撑，对培养目标的支撑进行阐述。课程目标要面向全体学生，明确教学应达到的基本要求，同时还要考虑学生的个体差异，为充分发挥学生的学习潜力留有一定的空间。

（1）素质目标：政治素质（正确的“三观”、良好人格、民族自豪感、工匠精神等）、基本素质（德智体美劳）和职业素质（职业道德、职业规范）在课程中的具体要实现的目标。

（2）知识目标：知道……；了解……；理解……；懂得……；掌握……。

（3）能力目标：通过完成 ××（任务、项目），学生能运用 ××（知识），根据 ××（标准、规范），做 ×× 事情，能使用（操作）×× 设备，……

四、课程设计理念与思路

考虑学生的知识结构、学习习惯、思维特点和学习基础，以“就业面向岗位”的需求为中心，以培养学生动手能力为依据进行课程设计，同时应充分考虑专业岗位的特点，最大限度地满足学生的就业需要，兼顾学生就业后持续发展的要求。

五、学情分析

学情分析是教与学目标设定的基础，是教与学内容分析（包括教材分析）的依据，是教学策略选择和教学活动设计的落脚点，是对“以学生为中心”的教学理念的具体体现。学情分析的内容主要包括以下几点。

（1）学生现有的知识结构、学生的兴趣点、学生的思维特点、学生的认知状态和发展规律。

（2）学生生理、心理状况，学生个性及其发展状态和发展前景。

（3）学生的学习动机、学习兴趣、学习起点、学习方式、学习时间、学习效果。

（4）学生的生活环境、沟通能力。

六、课程内容和教学要求

课程内容和教学要求主要阐述每个章节（或单元）的教学内容、教学目标、教学活动、思政元素、学时分配、进度要求与教学场地要求等（建议以列表形式描述）。

七、教学方法与手段

1. 教学方法

根据课程特点说明课程在教学过程中需要的教学组织形式及教学方法，在整个教学过程中通过引导学生主动参与、亲身实践、独立思考、合作探究，使学生能顺利完成学习任务。常用的教学方法分为五类。

第一类：以语言传递信息为主的方法，包括讲授法、谈话法、讨论法、读书指导法等。

第二类：以直接感知为主的方法，包括演示法、参观法等。

第三类：以实际训练为主的方法，包括练习法、实验法、实习作业法。

第四类:以欣赏活动为主的教学方法,例如陶冶法等。

第五类:以引导探究为主的方法,如发现法、探究法等。

我国常用的教学方法包括讲授法、情景教学法、头脑风暴法、讨论教学法、探究式教学法、案例教学法、任务驱动法和理实一体化教学方法等。建议根据课程特点采取多样化的教学方法。

2. 教学手段

传统的教学手段主要指教科书、粉笔、黑板、挂图等。现代化教学手段是指各种多媒体课件、视频、虚拟仿真软件等信息化教学手段。建议以现代化教学手段为主,传统教学手段为辅的方式开展课堂教学。

八、考核评价方式

课程的考核评价应结合学业评价体系改革,强化学习过程,体现多元评价方法,如调研报告、项目设计、知识竞赛、综合作品展示、情景模拟等。应重视教学过程评价,增加对学生学习态度、学习方法和学习情感的考核,注重学生动手能力和在实践中分析问题、解决问题能力的考核,关注学生个别差异,鼓励学生创新实践等。如,某课程采用"平时+竞赛+思维导图+考试+学习报告"多维度的综合评价方式,具体信息见表 2-3。

表 2-3　某课程综合评价方式

评价项目	平时	竞赛	思维导图	考试	学习报告
考查内容	上课考勤、回答问题、互动、翻转课堂表现、作业质量、答疑、QQ 群讨论、学习上传的微课情况、上机计算等	参加年度结构模型大赛所提交的计算书、作品、答辩和加载成绩予以确定	根据每章结束后学生提交思维导图进行评定	重点考查学生掌握基本概念和基本原理的情况	根据学生提交的学习总结报告来确定
成绩占比	28%	8%	2%	60%	2%

九、课程目标达成要求

课程目标达成要求包括以下六个方面:整体成绩评价的构成比例、理论知识点测试成绩的构成比例、典型工作任务能力测试的构成比例、标志性学习成果的构成比例、过程性成绩(课堂表现和平时作业、期中考查等)的构成比例、总结性成绩(期末考试)的分布状况。表 2-4 为"韩语口语"课程目标权重分配表,供参考。

十、教学实施保障

1. 教材与参考书

教材选用应符合本课程标准的基本要求,建议优先选用省部级以上规划教材,重点选择适合的校企合作教材。参考书为与课程相关的学习指导书、习题集等。

2. 相关教学资源

教学资源(学习资源)是为教学的有效开展提供的素材等可以被利用的一切要素,包括支撑教学的和为教学服务的人、财、物、信息等。各种可被利用的条件,通常有案例、影视、图片、课件、课程学习信息化平台（学习通课程、课堂派、雨课堂、学校、省级及国家精品在线课程网站、公众号）等，也包括教具、教师自己开发的资源等。

建议每门课挑选 2~4 个教学资源，充分利用信息化平台开展教学改革。

表 2-4　“韩语口语”课程目标权重分配表

考核方式		过程性考核（100 分）										
课程目标	课程要求	平时考勤（25 分）	项目考核（25 分）				课堂学习（25 分）			任务完成（25 分）		
			发音准确度	表达恰当性	获取信息准确度	项目完整性	课堂任务	章节测验	课堂互动	朗读	语音问答	平台小测
目标 1（0.2）	字母发音及拼读		0.02							0.02		
	发音规则	0.05	0.02				0.02	0.02	0.01			0.02
	语法体系框架		0.01									0.01
目标 2（0.2）	人、物、地点等信息介绍		0.01	0.01						0.02		
	更正信息介绍	0.05		0.01			0.02	0.02	0.01		0.02	
	获取信息及表达				0.01	0.01						0.01
目标 3（0.2）	存现表达			0.02						0.01		
	更正存现状态	0.05		0.01			0.02	0.02	0.01		0.02	
	获取信息及表达					0.02						0.02
目标 4（0.2）	动作的表达			0.02								0.01
	状态的表达	0.05		0.01			0.02	0.02	0.01			0.01
	获取信息及表达				0.01	0.01					0.02	0.01
目标 5（0.2）	否定与意志的表达	0.05		0.02			0.02	0.02	0.01			0.02
	获取信息及表达				0.02	0.01					0.02	0.01
总目标（1.00）	∑ 预期目标 ≥0.65	0.25	0.06	0.10	0.04	0.05	0.10	0.10	0.05	0.05	0.08	0.12

3. 教学团队

每门课程需要有团队负责人和教学梯队，团队负责人需要具备副高以上职称和高级职业技术等级证书，应具备驾驭课程知识的能力，有课程开发设计的能力，能及时把握课程发展动态,以保障课程开发设计的时效性和持续更新。同时,精通教学规律,有丰富的教学经验,热心指导青年教师,具有一定的工程实践经验。

专业课程教师教学团队须配备双师教师2~3人。担任主讲授课任务的老师应具有硕士学位、中级以上职称,具有一定授课经验。

有实践环节的课程须配备实践操作能力强的专职实验员保证实践环节的正常运行。

4. 教学评价方法与标准

课堂教学评价是“教师—学生—同行—督导”不同主体对教师教学目标达成度、教学组织设计行为、课堂管理行为、沟通交流行为以及课堂教学效果等教学事实的诊断及价值判断,通常采用的课堂教学评价工具包括但不仅仅限于以下几种。

(1)教学和课程档案袋。对教师的课程标准、教学进度表、教案PPT等教学必备材料的综合评价以及对学生学习过程信息的统计汇总。

(2)课堂观察。从课堂观察的信息分析课堂教学情况、课堂中反映的学生学习和班级建设情况、课堂中体现的学校教学基础管理情况。

(3)反馈备忘录。提供给教师的反馈性文档,包括他们的课程由谁评价、何时被评价、如何被评价,以及特定课堂中存在的问题。

(4)部门教学研讨。教师之间在教研活动中交换教与学意见的方式。

(5)辅导和指导。以小组或个体的方式促进教学发展的互动,如“集体听课”。

(6)外部同行评议。将教师的课程标准、教学进度表、教案PPT等教学必备材料送往同领域的专家学者,其给出的评价。

(7)自评报告。教师提供的自我反思文档,包括反思教学的投入、课程讲授的内容、教学的组织形式、教学的方法、教学采用的技术等对学生学习的有效性。

5. 教学质量管理保障

(1)学校和二级学院要健全专业教学质量监控管理制度。完善人才培养方案、课程标准、课堂评价、实验教学等质量标准建设,通过教学实施、过程监控、质量评价和持续改进,确保达到人才培养规格要求。

(2)学校和二级学院要持续完善教学管理运行机制。加强日常教学组织运行与管理,定期开展课程标准制定、在线学习资源建设、日常教学管理规范、专业诊断与改进工作;建立健全巡课、听课、评教等课堂教学质量管理制度;建立与企业联动、行业与企业深度参与的覆盖人才培养全程的教学督导制度。

(3)要做实专业教研室的基层教学组织功能。建立集中备课、说课、定期开展公开课、示范课等同行互助同行评议教研活动;组建创新型教学团队,教学方法改革与信息技术深度融合;教材建设体现活页式、工作手册式、数字化等新要求新趋势;建立教学改革研讨会议制度;建立教学反思机制,有计划开展深度自评,利用评教结果促三教改革,持续提高人才培养质量。

十一、典型工作任务分析

典型工作任务是职业行动中的具体工作领域，也称为职业行动领域，它描述一项完整的工作行动，包括计划、实施和评估整个行动过程，反映了该职业典型的工作内容和工作方式，以及该任务在整个职业中的意义、功能和作用。完成典型工作任务的过程能够促进从业者的职业能力发展，而且完成该任务的方式方法和结果多数是开放性的；完成典型工作任务的过程同时也能促进从业者的职业能力发展。典型工作任务是针对职业而言的，它源于企业实践，通常由企业专家、教育专家和专业教师一起分析每个阶段的代表性工作任务，依据设备、工具使用的不同进行归纳整合，并对行动领域进行“重构”，整合出职业教学过程中的典型工作任务。

典型工作任务分析包括典型工作描述（任务名称、任务描述、工作对象、工作要求所需工具、材料和设备等）和典型工作任务分析（工作方法、组织方式、职业能力要求、教学分析、专业技术学习内容和参考性学习任务等），建议以列表形式对典型工作任务进行描述与分析。

二、培养中段：多场景不同类型课堂教学的评价

强化过程控制，分线下的理论课、体育课、实验实训课、理实一体化课、线上教学以及课程设计六类标准，引导企业评价教师借助信息技术重塑教学形态，促进学生开展泛在学习、合作学习的教学水平。

1. 课堂教学评价的内涵

正如第四代教育评价提出的，评价应是参与评价的所有人特别是评价者与其对象交互作用、共同构建的过程。课堂教学评价是促进所有参评人员共同探讨课堂并共享经验的服务行为，其最终目的是帮助教师主动依据多元主体评价结果及评价反馈意见，剖析自身差距，改进教学质量，实现自我发展的增值。本节的课堂教学评价，是“教师—学生—同行—督导”不同主体对教师教学目标达成度、教学组织设计行为、课堂管理行为、沟通交流行为以及课堂教学效果等教学事实的诊断及价值判断的活动。

2. 课堂教学授课评价表

课堂教学授课评价表涵盖教学态度、教学内容、教学方法、教学效果、教学秩序 5 个维度 18 个观测点，包括是否将新规范、新技术、新工艺、新知识等纳入教学内容；是否准备充足的导学案、微课、习题库、案例集、作品册、活页教材等教学资源；是否采用讨论、展示、虚拟仿真等教学方法；是否将劳动教育、思政元素有机融入教学活动。按照理论课、体育课、实验实训课、理实一体化课、线上教学以及课程设计六类制定的结构性表单，具体样例可参考表 2-5~表 2-10。

表 2-5　理论课课堂教学质量评价表（企业督导）

授课教师		授课地点		授课时间	年　月　日
课程名称				学生考勤	应到　　人
					实到　　人
所在部门		上课班级		听课人	

评价指标			得分				
			优秀	良好	合格	不合格	合计
教学态度（20分）	1	教学大纲或课程标准、教案、授课计划等教学文件齐全	5	4	3	2	
	2	为人师表、治学严谨、以身作则、教书育人	5	4	3	2	
	3	严格课堂管理、作业布置合理、批改及时、辅导耐心	5	4	3	2	
	4	提前到达教室，准备相关设备和教具	5	4	3	2	
教学内容（20分）	5	严格执行教学大纲及授课计划，误差不超过正负 2 课时	5	4	3	2	
	6	合理选用优秀新版教材，专业课注重开发和选用工学结合教材	5	4	3	2	
	7	授课内容符合大纲要求，将新规范、新技术、新工艺、新知识等纳入教学内容，基本知识讲解清楚，重点难点突出	5	4	3	2	
	8	根据课程特点突出职业能力培养，寓职业素质教育于课堂教学之中	5	4	3	2	
教学方法（30分）	9	课件、板书设计合理，条理清晰	5	4	3	2	
	10	语言表达清晰、准确，逻辑性强	5	4	3	2	
	11	理论联系实际，注重培养学生分析问题和解决问题的综合能力	5	4	3	2	
	12	根据课程特点，将职业素质、思政元素有机融入教学活动，充分利用多媒体和其他教学手段	5	4	3	2	
	13	根据课程特点，设计教学组织流程，教、学、做一体，采用案例、项目、讨论、展示、虚拟仿真等教学方法	10	8	6	4	
教学效果（20分）	14	达到大纲规定教学目标，学生掌握了本堂课的主要教学内容	10	8	6	4	
	15	学生对教学的综合反映较好，激发了学生学习兴趣	5	4	3	2	
	16	学生掌握了本堂课的重点内容，提高了相关职业技能和职业素质	5	4	3	2	
教学秩序（10分）	17	学生到课率高，迟到率低	5	4	3	2	
	18	课堂秩序良好，学生听课认真	5	4	3	2	
总分							
整体评价	1. 对教师教学方法、教学特色方面 2. 对学生学风评价 3. 其他 ①是否开发重组了导学案、微课、习题库、案例集、作品册、活页教材等教学资源：是（　　）；否（　　）；无法判断（　　） ②是否结合课程实际情况引导或培养学生创新创业意识：是（　　）；否（　　）；无法判断（　　）						

备注：1. 总分 90~100 分为优秀、85~89 分为优良、80~84 分为良好、75~79 分为一般、60~74 分为合格、60 分以下为不合格；
2. 教学效果由评价人员根据对学生的访谈情况填写。

表 2-6 体育课课堂教学质量评价表(企业督导)

授课教师		授课地点		授课时间	年 月 日
课程名称				学生考勤	应到 人
					实到 人
所在部门		上课班级		听课人	

评价指标			得分				
			优秀	良好	合格	不合格	合计
教学态度(20分)	1	为人师表、治学严谨、以身作则、教书育人	5	4	3	2	
	2	授课计划、教学大纲、课程标准、教案等教学文件齐全	5	4	3	2	
	3	严格课堂管理、加强课堂考勤	5	4	3	2	
	4	提前到达授课场地,教学器具(械)等准备齐全	5	4	3	2	
教学内容(30分)	5	有助于增进学生身心健康,培养学生积极进取、团结协作和集体主义精神	10	8	6	4	
	6	有助于培养学生综合素质和增进学生参与的积极性	10	8	6	4	
	7	讲解清晰,示范动作准确规范	5	4	3	2	
	8	教学中始终贯彻安全意识教育	5	4	3	2	
教学方法(20分)	9	合理、有效地运用现代教育技术手段	5	4	3	2	
	10	因材施教,注重学生个性发展及培养自我锻炼能力	5	4	3	2	
	11	采用启发式或参与式教学法,师生之间互动良好	5	4	3	2	
	12	有自己的教学风格和特点,教学方法有效	5	4	3	2	
教学效果(20分)	13	能促进运动技术、技能水平和身体素质的全面发展	10	8	6	4	
	14	能够激发学生的学习兴趣与主动性	5	4	3	2	
	15	注重终身体育意识及创新能力培养	5	4	3	2	
教学秩序(10分)	16	学生到课率高,迟到率低,训练认真	5	4	3	2	
	17	课堂教学组织有条理,秩序良好,无体育伤人现象	5	4	3	2	
总分							
整体评价	1. 对教师教学方法、教学特色方面 2. 对学生学风评价 3. 其他 ①是否开发重组了导学案、微课、习题库、案例集、作品册、活页教材等教学资源:是( );否( );无法判断( )。 ②是否结合课程实际情况引导或培养学生创新创业意识:是( );否( );无法判断( )						

表 2-7　实验实训课课堂教学质量评价表(企业督导)

<table>
<tr><td colspan="2">授课教师</td><td colspan="3"></td><td>授课地点</td><td></td><td>授课时间</td><td colspan="2">年　月　日</td></tr>
<tr><td colspan="2" rowspan="2">课程名称</td><td colspan="5" rowspan="2"></td><td rowspan="2">学生考勤</td><td colspan="2">应到　人</td></tr>
<tr><td colspan="2">实到　人</td></tr>
<tr><td colspan="2">所在部门</td><td colspan="3"></td><td>上课班级</td><td></td><td>听课人</td><td colspan="2"></td></tr>
<tr><td colspan="5" rowspan="2">评　价　指　标</td><td colspan="5">得分</td></tr>
<tr><td>优秀</td><td>良好</td><td>合格</td><td>不合格</td><td>合计</td></tr>
<tr><td rowspan="4">教学态度(20分)</td><td>1</td><td colspan="3">教学大纲或任务书、教案、授课计划等教学文件齐全</td><td>5</td><td>4</td><td>3</td><td>2</td><td rowspan="4"></td></tr>
<tr><td>2</td><td colspan="3">为人师表、治学严谨、以身作则、教书育人</td><td>5</td><td>4</td><td>3</td><td>2</td></tr>
<tr><td>3</td><td colspan="3">提前到达教室,准备相关仪器、设备、教具,现场整洁</td><td>5</td><td>4</td><td>3</td><td>2</td></tr>
<tr><td>4</td><td colspan="3">严格课堂管理,按规定填写实训(验)教学设备等记录,指导耐心</td><td>5</td><td>4</td><td>3</td><td>2</td></tr>
<tr><td rowspan="4">教学内容(20分)</td><td>5</td><td colspan="3">严格执行教学大纲和授课计划,误差不超过正负2课时</td><td>5</td><td>4</td><td>3</td><td>2</td><td rowspan="4"></td></tr>
<tr><td>6</td><td colspan="3">实训(验)内容循序渐进,生产性实训注重以工作过程为导向,注重开发工学结合实训教材或指导书</td><td>5</td><td>4</td><td>3</td><td>2</td></tr>
<tr><td>7</td><td colspan="3">根据课程特点突出职业能力培养,将新规范、新技术、新工艺、新知识等纳入教学内容,重视职业道德培养和企业文化熏陶</td><td>5</td><td>4</td><td>3</td><td>2</td></tr>
<tr><td>8</td><td colspan="3">实训(验)内容符合大纲或任务书要求,讲解清楚,重点、难点突出</td><td>5</td><td>4</td><td>3</td><td>2</td></tr>
<tr><td rowspan="5">教学方法(30分)</td><td>9</td><td colspan="3">语言表达清晰、准确,逻辑性强;课件或板书设计合理、条理清晰</td><td>5</td><td>4</td><td>3</td><td>2</td><td rowspan="5"></td></tr>
<tr><td>10</td><td colspan="3">实训(验)报告要求明确,批改认真及时并有讲评</td><td>5</td><td>4</td><td>3</td><td>2</td></tr>
<tr><td>11</td><td colspan="3">学生分组科学,教师示范操作规范,符合职业技能鉴定或行业标准</td><td>5</td><td>4</td><td>3</td><td>2</td></tr>
<tr><td>12</td><td colspan="3">根据课程特点,设计教学组织流程,设计教、学、做一体,采用案例、项目、讨论、展示、虚拟仿真教学手段灵活</td><td>10</td><td>8</td><td>6</td><td>4</td></tr>
<tr><td>13</td><td colspan="3">根据课程特点,将劳动教育、思政元素有机融入教学活动,实训(验)考核方法符合课程特点,有规范的考核标准</td><td>5</td><td>4</td><td>3</td><td>2</td></tr>
<tr><td rowspan="3">教学效果(20分)</td><td>14</td><td colspan="3">实训(验)达到大纲和任务书规定的教学目标,学生遵守安全操作规程,仪器设备无损坏</td><td>10</td><td>8</td><td>6</td><td>4</td><td rowspan="3"></td></tr>
<tr><td>15</td><td colspan="3">学生对教学的综合反映较好,激发了学生学习兴趣</td><td>5</td><td>4</td><td>3</td><td>2</td></tr>
<tr><td>16</td><td colspan="3">学生掌握了实训(验)基本技能,培养了合作精神,提高了沟通能力</td><td>5</td><td>4</td><td>3</td><td>2</td></tr>
<tr><td rowspan="2">教学秩序(10分)</td><td>17</td><td colspan="3">学生到课率高,迟到率低</td><td>5</td><td>4</td><td>3</td><td>2</td><td rowspan="2"></td></tr>
<tr><td>18</td><td colspan="3">实训(验)秩序良好,学生操作认真,须独立完成的任务无他人替代</td><td>5</td><td>4</td><td>3</td><td>2</td></tr>
<tr><td>总分</td><td colspan="9"></td></tr>
<tr><td colspan="10">若有校外指导教师,履行岗位职责情况:优(　);良(　);中(　);差(　)。</td></tr>
<tr><td>整体评价</td><td colspan="9">1. 对教师教学方法、教学特色方面

2. 对学生学风评价

3. 其他
①是否开发重组了导学案、微课、习题库、案例集、作品册、活页教材等教学资源:是(　);否(　);无法判断(　)。
②是否结合课程实际情况引导或培养学生创新创业意识:是(　);否(　);无法判断(　)</td></tr>
</table>

表 2-8 理实一体化课课堂教学质量评价表(企业督导)

<table>
<tr><td colspan="2">授课教师</td><td></td><td>授课地点</td><td></td><td>授课时间</td><td colspan="5">年 月 日</td></tr>
<tr><td colspan="2" rowspan="2">课程名称</td><td colspan="3" rowspan="2"></td><td rowspan="2">学生考勤</td><td colspan="5">应到 人</td></tr>
<tr><td colspan="5">实到 人</td></tr>
<tr><td colspan="2">所在部门</td><td></td><td>上课班级</td><td></td><td>听课人</td><td colspan="5"></td></tr>
<tr><td colspan="6" rowspan="2">评 价 指 标</td><td colspan="5">得 分</td></tr>
<tr><td>优秀</td><td>良好</td><td>合格</td><td>不合格</td><td>合计</td></tr>
<tr><td rowspan="4">教学态度(20分)</td><td>1</td><td colspan="4">教学大纲或任务书、教案、授课计划等教学文件齐全</td><td>5</td><td>4</td><td>3</td><td>2</td><td rowspan="4"></td></tr>
<tr><td>2</td><td colspan="4">为人师表、治学严谨、以身作则、教书育人</td><td>5</td><td>4</td><td>3</td><td>2</td></tr>
<tr><td>3</td><td colspan="4">提前到达教室,准备相关仪器、设备、教具,现场整洁</td><td>5</td><td>4</td><td>3</td><td>2</td></tr>
<tr><td>4</td><td colspan="4">严格课堂管理,按规定填写实训(验)教学设备等记录,指导耐心</td><td>5</td><td>4</td><td>3</td><td>2</td></tr>
<tr><td rowspan="4">教学内容(20分)</td><td>5</td><td colspan="4">严格执行教学大纲和授课计划,误差不超过正负2课时</td><td>5</td><td>4</td><td>3</td><td>2</td><td rowspan="4"></td></tr>
<tr><td>6</td><td colspan="4">实训(验)内容循序渐进,注重开发工学结合活页教材或虚拟仿真练习</td><td>5</td><td>4</td><td>3</td><td>2</td></tr>
<tr><td>7</td><td colspan="4">根据课程特点突出职业能力培养,将新规范、新技术、新工艺、新知识等纳入教学内容,重视职业道德培养和企业文化熏陶</td><td>5</td><td>4</td><td>3</td><td>2</td></tr>
<tr><td>8</td><td colspan="4">课程内容符合大纲或任务书要求,讲解清楚,重点、难点突出</td><td>5</td><td>4</td><td>3</td><td>2</td></tr>
<tr><td rowspan="5">教学方法(30分)</td><td>9</td><td colspan="4">语言表达清晰、准确,逻辑性强;课件或板书设计合理、条理清晰</td><td>5</td><td>4</td><td>3</td><td>2</td><td rowspan="5"></td></tr>
<tr><td>10</td><td colspan="4">学生分组科学,教师示范操作规范,符合职业技能鉴定或行业标准</td><td>5</td><td>4</td><td>3</td><td>2</td></tr>
<tr><td>11</td><td colspan="4">根据课程特点,将劳动教育、思政元素有机融入教学活动,实训(验)考核方法符合课程特点,有规范的考核标准</td><td>5</td><td>4</td><td>3</td><td>2</td></tr>
<tr><td>12</td><td colspan="4">根据课程特点,设计教学组织流程,设计教、学、做一体,采用案例、项目、讨论、展示、虚拟仿真教学手段灵活</td><td>10</td><td>8</td><td>6</td><td>4</td></tr>
<tr><td>13</td><td colspan="4">作业或实训(验)报告要求明确,批改认真、及时并有讲评</td><td>5</td><td>4</td><td>3</td><td>2</td></tr>
<tr><td rowspan="3">教学效果(20分)</td><td>14</td><td colspan="4">理论和实训(验)达到大纲和任务书规定的教学目标,学生遵守安全操作规程,仪器设备无损坏</td><td>10</td><td>8</td><td>6</td><td>4</td><td rowspan="3"></td></tr>
<tr><td>15</td><td colspan="4">学生对教学的综合反映较好,激发了学生学习兴趣</td><td>5</td><td>4</td><td>3</td><td>2</td></tr>
<tr><td>16</td><td colspan="4">学生掌握了理论知识、训练了实训(验)基本技能,培养了合作精神,提高了沟通能力</td><td>5</td><td>4</td><td>3</td><td>2</td></tr>
<tr><td rowspan="2">教学秩序(10分)</td><td>17</td><td colspan="4">学生到课率高,迟到率低</td><td>5</td><td>4</td><td>3</td><td>2</td><td rowspan="2"></td></tr>
<tr><td>18</td><td colspan="4">上课秩序良好,学生操作认真,须独立完成的任务无他人替代</td><td>5</td><td>4</td><td>3</td><td>2</td></tr>
<tr><td>总分</td><td colspan="10"></td></tr>
<tr><td colspan="11">若有校外指导教师,履行岗位职责情况:优( );良( );中( );差( )</td></tr>
<tr><td>整体评价</td><td colspan="10">1. 对教师教学方法、教学特色方面

2. 对学生学风评价

3. 其他
①是否开发、重组了导学案、微课、习题库、案例集、作品册、活页教材等教学资源:是( );否( );无法判断( )。
②是否结合课程实际情况引导或培养学生创新创业意识:是( );否( );无法判断( )</td></tr>
</table>

表 2-9 线上教学质量评价表（企业督导）

授课教师		授课平台		授课时间	年 月 日		
课程名称				学生考勤	应到 人		
					实到 人		
所在部门		上课班级		听课人			
评 价 指 标			得分				
			优秀	良好	合格	不合格	合计
课前准备（25 分）	1	选择推荐给学生的网上教学资源有较好的直观性，易于学生了解知识、技能并与所对应的岗位技术技能相关联	10	8	6	4	
	2	所选线上授课平台与课程特点、学情现状、学习目标相匹配	5	4	3	2	
	3	教书育人，教案结合课程内容有机融入了“思政元素”	5	4	3	2	
	4	提前上线，准备好线上教学设备和授课环境	5	4	3	2	
课中观察（25 分）	5	采用弹幕、问题抢答将学生画面或语音随机切入直播等各种方式，提高了课中学生参与度	5	4	3	2	
	6	将贴近行业企业的真实案例融入教学内容，使其具有实用性	10	8	6	4	
	7	教师企业或社会实践的经历对课堂教学效果提供了有力的支撑	5	4	3	2	
	8	根据课程特点融“思政元素”“劳动教育”“职业素养”等于教学之中	5	4	3	2	
课下跟进（30 分）	9	主动了解学生预习、学习情况，对学生自主学习提供了支持，如发布学习指引及对学生的价值塑造	10	4	3	2	
	10	设置了与学生课后互动环节，如：问题讨论、留言、在线辅导答疑等	10	8	6	4	
	11	批改作业及时、认真、准确	5	8	6	4	
	12	利用信息学习系统中提供的作业分析汇总功能对作业进行总结反馈	5	4	3	2	
课后反馈（20 分）	13	辅助教学群内留言，主动征求学生的意见	5	4	3	2	
	14	重视学生学习反馈，课程进行到一段时间后组织学生做学习效果问卷调查	10	8	6	4	
	15	重视企业督导评价，主动了解企业督导评价意见	5	4	3	2	
总分							
整体评价	1. 对线上教师教学行为的评价（包括：教学资源准备的广度和深度，对学生学习提供支持服务的持续度等） 2. 对线上学生学习行为的评价（包括：学习资源浏览次数和持续时间，线上互动的参与度，讨论问题的深度等）						

表 2-10　课程设计教学质量评价表（企业督导）

<table>
<tr><td colspan="2">指导教师</td><td></td><td>设计题目</td><td></td><td>时间</td><td colspan="5">年　月　日</td></tr>
<tr><td colspan="2">所在部门</td><td></td><td>评价人</td><td></td><td>班级（人数）</td><td colspan="5"></td></tr>
<tr><td colspan="6" rowspan="2">评　价　指　标</td><td colspan="5">得 分</td></tr>
<tr><td>优秀</td><td>良好</td><td>合格</td><td>不合格</td><td>合计</td></tr>
<tr><td rowspan="3">课程设计准备（20分）</td><td>1</td><td colspan="4">师资力量能满足教学需要，指导教师具备主讲本课程的教师资格</td><td>5</td><td>4</td><td>3</td><td>2</td><td rowspan="3"></td></tr>
<tr><td>2</td><td colspan="4">课程设计教学大纲、指导书、任务书等文件资料准备齐全、规范</td><td>5</td><td>4</td><td>3</td><td>2</td></tr>
<tr><td>3</td><td colspan="4">设备、场地能满足课程设计需要和要求</td><td>10</td><td>8</td><td>6</td><td>4</td></tr>
<tr><td rowspan="5">课程设计过程（45分）</td><td>4</td><td colspan="4">按照课程设计大纲和课程设计标准拟题，题的深广与分量适当，提供基本题目和可选题目</td><td>10</td><td>8</td><td>6</td><td>4</td><td rowspan="5"></td></tr>
<tr><td>5</td><td colspan="4">指导学生明确课程设计的目的、意义、任务和要求，对综合运用所学知识、能力的训练设计完整，内容具体，有明确的能力培养目标</td><td>10</td><td>8</td><td>6</td><td>4</td></tr>
<tr><td>6</td><td colspan="4">指导学生拟定课程设计实施方案，撰写课程设计说明书，为学生提供必要的课程设计条件，指导时间充裕</td><td>10</td><td>8</td><td>6</td><td>4</td></tr>
<tr><td>7</td><td colspan="4">指导过程中贯彻因材施教的原则，注重培养学生的工程实践能力，分析问题、解决问题的能力</td><td>10</td><td>8</td><td>6</td><td>4</td></tr>
<tr><td>8</td><td colspan="4">按计划检查每个学生的工作进度和质量，及时答疑和指导，发现和纠正课程设计中暴露出来的问题和错误，有检查记录</td><td>5</td><td>4</td><td>3</td><td>2</td></tr>
<tr><td rowspan="3">设计效果（15分）</td><td>9</td><td colspan="4">基本知识和基本技能掌握准确，课程设计报告思路清晰、文字通顺、书写规范，设计成果符合技术要求</td><td>5</td><td>4</td><td>3</td><td>2</td><td rowspan="3"></td></tr>
<tr><td>10</td><td colspan="4">95%以上的学生能够独立按照设计进度较好地完成规定的任务</td><td>5</td><td>4</td><td>3</td><td>2</td></tr>
<tr><td>11</td><td colspan="4">论文或作品基本符合行业企业要求及市场需求</td><td>5</td><td>4</td><td>3</td><td>2</td></tr>
<tr><td rowspan="2">成绩评定（15分）</td><td>12</td><td colspan="4">有科学、规范的评分标准，成绩评定严肃、认真、科学、公正</td><td>5</td><td>4</td><td>3</td><td>2</td><td rowspan="2"></td></tr>
<tr><td>13</td><td colspan="4">根据学生的学习态度和课程设计质量，按照评定成绩标准对每个学生进行成绩评定并写出书面评语</td><td>10</td><td>8</td><td>6</td><td>4</td></tr>
<tr><td>资料收交（5分）</td><td>14</td><td colspan="4">课程设计材料齐全、规范，在教务处规定时间内，将学生课程设计材料移交教研室验收，少 1 份不给分，迟交 1 天扣 1 分</td><td>5</td><td>4</td><td>3</td><td>2</td><td></td></tr>
<tr><td>总分</td><td colspan="10"></td></tr>
<tr><td>整体评价</td><td colspan="10">1. 对教师教学方法、教学特色方面

2. 对学生学风评价

3. 其他
①是否开发、重组了导学案、微课、习题库、案例集、作品册、活页教材等教学资源：是（　　）；否（　　）；无法判断（　　）。
②是否结合课程实际情况引导或培养学生创新创业意识：是（　　）；否（　　）；无法判断（　　）。</td></tr>
</table>

无论是“教师中心、教材中心、课堂教学中心”的传统教学“三中心”论(赫尔巴特),“准备、复习旧课、教授新课、巩固练习、布置作业”的“五环节”论(凯洛夫),还是“做中学”的实用主义教学模式(杜威),都认为课堂教学质量取决于课堂教学的组织设计过程。课堂教学的组织设计是一个专业化的工作,涉及项目教学、案例教学、情境教学、模块化教学等教学方式,启发式、探究式、讨论式、参与式等教学方法,翻转课堂、混合式教学、理实一体等教学模式。参与评价的企业需要掌握课堂教学的基本概念以及必备的管理手段,见【拓展3】。

【拓展3】 常用课堂教学标准术语解析

一、课程定位与课程目标

1. 课程定位

课程定位是课程目标制定的依据,其研究集中于下面四个方面,以化工设计课程为例,参考表2-11。

(1)课程性质。一般认为是课程类型,以两种形式进行分类。第一,按照课程在课程群中的作用划分,包括基础课、专业课、专业基础课;第二,按照课程的基本内容划分,包括理论课、知识课、技能课。

(2)课程教学内容。

(3)课程目标。课程目标是单科目的教学目标,是在国家和学校人才培养目标之下制定的,符合某一具体课程的目标。

(4)与专业前导和后续课程的关系。

表2-11 “课程定位”规范

课程名称	专业	课程定位
化工设计	化学工程与工艺、应用化学	化工设计是化工相关专业(如化学工程与工艺、应用化学等)的核心专业课程之一。课程内容涵盖了工艺流程设计、化工设备图、车间和管道布置设计、非工艺设计和公用工程等内容。课程要求学生掌握化工设计的思想、方法和工具,注重理论与实践的统一,培养学生的工程观念和设计能力,指导学生将化工专业知识应用到工程实践。其前导课程为化工原理、化学反应工程、工程制图,后续课程为专业创新实训、专业综合实训和顶岗实习

2. 课程目标

课程标准是课程本身要实现的具体目标和意图。它规定了某个阶段的学生通过课程学习后,在知识与技能目标、过程与方法、情感态度与价值观等方面期望实现的程度,它是确定课程内容、教学目标和教学方法的基础。

课程目标到教学目标是一个从概括到具体,从抽象到具象的不断转化、呈现和丰富的过程。但课程目标和教学目标是有区别的,课程目标偏重于国家与社会的控制,反映人才培养的价值追求,它往往指静态的属于制度层面的课程要求;而教学目标则是实践层面的,它是课程目标的进一步细化与具体化,是师生课堂教学活动要达到的要求。课程目标包括总体目标和具体目标。

二、教学目标与三维目标

1. 教学目标

教学目标是关于教学将使学生发生何种变化的明确表述，是通过教学活动达成的预期结果。在教育教学过程中，通常应该达到三个目标维度，即：知识与技能、过程与方法、情感态度与价值观。

2. 三维目标

三维目标是一个教学目标的三个方面，是统一的不可分割的整体。

对于基础课、通识课，三维目标是指教育教学过程中应达到的知识与技能、过程与方法、情感态度与价值观，以高等数学为例"课程目标"规范填写参考表 2-12。

知识与技能目标主要包括人类生存所不可或缺的核心知识和基本能力。基本能力是获取、收集、处理、运用信息的能力、实践能力、终身学习能力。

过程与方法目标主要包括人类生存所不可或缺的过程与方法。过程是指应答性的学习环境和交往的体验。方法包括基本的学习方式（自主学习、合作学习、探究学习）和具体的学习方式（发现式学习、小组式学习、交往式学习……）。

情感态度与价值观目标。情感不仅指学习兴趣、学习责任，更重要的是乐观的生活态度、求实的科学态度、宽容的人生态度。价值观不仅强调个人的价值，更强调个人价值和社会价值的统一；不仅强调科学的价值，更强调科学价值和人文价值的统一；不仅强调人类价值，更强调人类价值和自然价值的统一，从而使学生确立起对真善美的价值追求以及人与自然和谐可持续发展的理念。

表 2-12　基础课与通识课的"课程目标"规范

课程名称	高等数学
知识与技能目标	①理解极限、微积分的概念并掌握其求解方法，能应用微积分解决诸如无穷数列和、图形面积和求功等问题； ②掌握线性代数、概率和微分方程等数学问题，能够建立实际问题的数学模型，并能分析、推证、解释诸如最值有关的一些现实现象
过程与方法目标	①基于微积分等基础数学知识，采用数学建模方法分析经济、造价等方面的一些简要问题，并将这种数学思维贯穿于整个提出问题、分析问题和解决问题的过程； ②具备一定的自主学习能力和将数学思想扩展应用到物理、工程等其他领域的能力
情感态度与价值观目标	①建立一定的数学素养，养成思维严谨、求真务实的工作作风； ②养成一定的采用数学建模分析问题和解决问题的意识； ③树立辩证唯物主义世界观，加深数学源于实践又服务于实践的认识

对于专业基础课、专业课，三维目标是指教育教学过程中应达到的知识、能力和素质，以课程云应用与开发为例"课程目标"规范填写参考表 2-13。

知识目标。知道……；了解……；理解……；熟悉……；掌握……。

能力目标。通过完成 ××（任务、项目），学生能运用 ××（知识），根据 ××（标准、规范），做 ×× 事情，能使用（操作）×× 设备……，具备……能力。

素质目标。政治素质（价值观、情感态度）、基本素质（德智体美劳）和职业素质（职业道德、职业规范）在课程中要实现的目标，一般用第三人称表达。如"养成 ×× 的职业素养""树立 ×× 的职业理念""认同 ×× 的价值或文化""树立民族自豪感、增强文化自信、具备工匠精神”等。

表 2-13　专业课类型“教学目标”规范

课程名称	云应用与开发
知识目标	① 了解云计算的基本开发语言； ② 理解云计算的开发知识； ③ 掌握云容器开发的基本知识； ④ 掌握云存储开发的基本知识； ⑤理解云数据库开发的基本知识； ⑥ 掌握云平台部署的基本知识； ⑦ 掌握云 AI 开发的基本知识
技能目标	① 能在 Linux 操作系统上部署云计算开发环境； ② 能使用 Python 编程语言进行云计算开发； ③ 能使用 Docker 技术部署和开发云容器； ④ 能使用 HDFS 技术部署和开发云存储； ⑤ 能使用 HBase 技术部署和开发云数据库； ⑥ 能使用私有云技术部署云平台； ⑦ 能在云平台上进行 AI 应用开发
素质目标	① 树立科技报国的职业理念； ② 养成严谨、专注的职业素养； ③ 增强创新意识和创业能力

三、教学目的

教学目的与教学目标是不同的概念，教学目的强调教学结束时预期达到的效果或教学活动预期达到的效果。教学目标主要指在教学结束时将使学生发生何种变化的明确表述，通常包括三个目标维度，即：知识与技能、过程与方法、情感态度与价值观。两者之间的相同点与不同点见表 2-14。以健美操课程为例，“教学目的”的规范表达见表 2-15。

表 2-14　教学目标与教学目的的异同

比较内容		教学目标	教学目的
相同点	提出或制定的依据相同	以课程标准所限定的范围、教材内容所应达到的深度为依据，并服务于立德树人的教育目的	
	对教学所起的作用相同	对落实课程标准、制订教学计划、组织教学内容、确定教学重点难点、选择教学方法、安排教学过程等起重要导向作用，是教学过程的出发点和归宿点	
不同点	确定主体	以学生为主体进行描述，是对学生学习行为结果的一种规定，着眼学生学习结果应该达到的具体学习要求	以教师为主体进行描述，是对教师要教什么的说明以及对教师活动的期望
	使用的动词	多采用“说出、归纳、说明”等表述特定动作的外显行为动词，表义较为具体	多采用“了解、领会、体会”等描述心理过程的内隐体验动词，表义抽象、笼统、模糊
	可测性	可通过课堂随机检测、达标自测、形成性练习和单元检测等测量	一般不易测量
	结构层次性	将学习行为分解为从简单到复杂的、序列分明的几个部分，在规定了教学活动应达到的最终结果的同时提出了达到最终结果的教学活动程序	孤立的、单一的教学活动结构，缺乏明确的层次与序列

表 2-15 “教学目的”规范

课程名称	健美操
模块名称	健美操组合动作+职业体能
任务名称	手臂动作组合+力量专项训练
学时	2 学时
知识目标	①掌握健美操手臂动作要领及相应术语; ②掌握健美操手臂动作组合的技能、技巧,力量专项技能的训练方法
技能目标	①能熟练进行健美操手臂动作练习; ②能将步伐、手臂和音乐熟练结合; ③能进行力量专项技能训练
素质目标	①通过组织与学习,鼓励学生克服因动作练习的不断重复而产生的枯燥、厌学等情绪以及因持续练习而产生的疲劳感,提高学生学习的自觉性,培养学生吃苦耐劳和克服困难的精神; ②培养学生的参与意识和团队精神; ③引导学生积极锻炼,强健体魄,发扬体育精神,做好社会主义建设的接班人

四、教学策略

教学策略是以一定的教育思想为指导,在特定的教学情境中,为实现教学目标而制定并在实施过程中不断调适、优化,以使教学效果趋于最佳的系统决策与设计。以大学英课课程为例,“教学策略”具体规范表述见表 2-16。

表 2-16 “教学策略”规范

课程名称	教学策略	
大学英语	功能翻译理论视角下的大学英语翻译教学策略	①有效加强学生语篇连贯性的培养; ②科学全面培育学生的跨文化意识; ③积极运用科学恰当的翻译策略和技巧
	混合式教学模式下英语对话教学策略	①利用虚拟现实技术,趣味情境化教学策略; ②依托信息技术,学习内容复现教学策略; ③开发微课程,注重单元整体教学策略

五、教学方法

教学方法是教学过程中教师与学生为实现教学目标和教学任务,在教学活动中所采取的行为方式的总称,是教师教的方法和学生学的方法的统一。教师通常依据教学目标、教学内容特点、学生学习特点、教师自身素质选择教学方法见表 2-17。常用的教学方法分为以下几种。

1. 讲授式

教师主要运用语言方式系统地向学生传授科学知识,传播思想观念,发展学生的思维能力,发展学生的智力。讲授式教学方法包括讲解教学方法、谈话教学方法、讨论教学方法、讲读教学方法、讲演教学方法几种。讲授式教学方法体现在以下三个方面:科学地组织教学内容,教学语言应具有清晰、精练、准确、生动等特点,善于设问解疑,激发学生的求知欲望和积极的思维活动。

表 2-17 常见"教学方法"基本操作步骤示范

教学方法	课程名称	基本步骤
训练与实践式教学法	篮球(高职)	完整示范动作→分解示范动作→连贯已分解的示范动作→学生按照教师的示范进行分解动作练习→完成整套动作练习
问题探究式教学法	美容美体护理方案制定	标准美容美体护理情景模拟案例收集→制定培训大纲→对学生实施培训→由美容美体专家或教师组织对学生进行模拟情景考核
项目教学法	园林工程施工与管理	根据课程目标确定课程模块(项目)或教学任务→课前任务发布→课前或课中任务实施→课中组织讨论→课中根据项目评价标准对各组任务完成情况进行评价→教师点评与总结

2. 问题探究式

问题探究式是在教师组织和指导下,引导学生提出问题,通过学生比较独立的探究和研究活动,探求问题的答案而获得知识的方法。问题探究式教学方法包括问题教学法、探究教学法、发现教学法几种。问题探究式教学法的实施步骤包括:创设问题的情境、选择与确定问题、讨论与提出假设、实践与寻求结果、验证与得出结论。

3. 训练与实践式

训练与实践式教学方法是通过课内外的练习、实验、实习、社会实践、研究性学习等以学生为主体的实践性活动,使学生巩固、完善和丰富所学知识,培养学生解决问题的能力和多方面的实践能力的教学方法。训练与实践式教学方法包括示现场示范法、参与模仿法、自我示范法、电影电视或录像示范法以及想象模仿法(模拟法)、项目教学法等多种类型。

4. 项目教学法

项目教学法是通过设计具有现实意义的项目产品(或服务),将知识体系融入实际项目中,在教师的引导下,以学生为主、以项目小组的形式创造性的实践完成所计划的工作任务,并将产品(或服务)进行展示和评价的教学方法。项目教学法见效快,是以学生自主探究为基础,知行合一,促进学生自主学习的一种新型教学方法。一般步骤包括基础工作(项目设计、项目分析、制订计划、学生分组等)、项目实施(创设情境、学生以小组实施),项目评价与反馈等。

六、教学模式

教学模式是在一定教学理念、教学思想指导下建立的为完成教学内容而运用的教学方法的程序及策略体系,它由若干个固定程序的教学方法组成(表 2-18)。常见的教学模式包括基于"互联网+"的线上线下混合式教学模式、翻转课堂的教学模式、理实一体化教学模式和以案例为基础的教学模式等。

1. 基于"互联网+"线上线下混合式教育模式

相较线下的传统教学模式,借助互联网线上进行授课,其中学习者能通过互联网及时获取所有学习资源,不同专业乃至不同课程的学习者都能通过线上课程获得需要的教学资源。不仅如此,由于网络的实时传输,线上线下的混合教学方式能让全国各地乃至全世界学生互动交流,实现无视地域的学习交流沟通。

表 2-18 常见“教学模式”基本操作步骤示范

课程名称	教学模式	基本步骤
面向对象程序设计	基于“互联网+”线上线下混合式教学模式	①按照课程模块拆分的知识点完成学习通线上教学资源建设→基于可视化教学的实践教学组织（基于“互联网+”的线上线下混合式教学模式的结合数据监测系统，能够对学生在线时长、课程点击率、教学视频完播率以及考核成绩等教学测评数据）。 ②建立多元化考评体系（根据学生微课学习情况、视频学习情况、作业完成情况、讨论参与情况等多元化考评，激发学生的积极性，培养学生的创造力，更能全面地测评学生的专业知识理解吸收程度，以及专业实际操作水平）
汽车发动机构造与维修	理实一体化教学模式	借助汽车故障诊断理实一体专业实训室，引导学生采用自主探究小组合作学习法解决问题。在教学过程中并辅以动画、微课等信息化手段，做到了虚实相互结合、理实一体，确保教学任务顺利完成
古树名木保护	以案例为基础的教学模式（CBL）	通过对广州中山纪念堂古木棉王的健康与安全性评估及复壮保护、东莞市莞城中心小学 500 年细叶榕抢救复壮等典型案例，让学生掌握古树树干空洞检测评估技术、古树空洞修补技术、TRU 树木雷达根系检测评估技术、古树名木立地环境改良技术等理论知识和实践技能
大学英语	翻转课堂的教学模式	①课前学习环节的教学设计：制作预设性学习资源，选择网上优秀教学资源，例如 MOOC 网等精品公开课。 ②设计课前练习活动，最好以任务型教学模式为主导，在学生充分掌握课文中英语知识的基础上，将大学英语的练习充分与实践相结合，强调运用英语来完成各种任务、解决各种问题，从而让学生在解决问题的过程中获得对英语更加深入的体验，提升自身对学习英语的自信。 ③设计课中学习活动切勿“一刀切”，要循序渐进、由易入难、层层递进，学生通过完成不同难度的任务活动，实现对课文知识的内化和强化；课堂学习活动环节的教学设计：知识点总结，确定讨论问题；要求学生独立思考，自主探究；团队协作，合作学习；成果展示，交流互动；评价反馈，建议改进。 ④设计课后学习活动，要求学生将活动上传至平台学习库中，让教师能够跟踪到每个小组的学习进度。如观看课程教学视频、开展课前互动性学习活动

2. 翻转课堂

该教学模式指重新规划课堂内容与课外学习环节，打破教学领域长期存在的积习，由传统的教师“教”转变为学生“学”。翻转课堂由学生课前利用网络上的在线开放课程、资源等观看视频学习、做测验，线下教师课堂上采用启发式、互动式、小组研讨等形式开展教学。

3. 理实一体化教学模式

突破以往理论与实践相脱节的现象，教学环节相对集中。它强调充分发挥教师的主导作用，通过设定教学任务和教学目标，让师生双方边教、边学、边做，全程构建素质和技能培养框架，丰富课堂教学和实践教学环节，提高教学质量。在整个教学环节中，理论和实践交替进行，直观和抽象交错出现，没有固定的先实后理或先理后实，而理中有实，实中有理。突出学生动手能力和专业技能的培养，是充分调动和激发学生学习兴趣的一种教学模式。

4. 以案例为基础的教学模式

以案例为基础的教学模式（Case-Based Learning，CBL）是在教师的指导下，根据教学目的，组织学生对案例的调查、阅读、思考、分析、讨论等研究性活动。在整个过程中，学生深刻体会相关的专业知识理论，不仅借此机会巩固课程知识，而且感悟知识、审视知识、活用知识，进行创新式问题思考。案例教学具有目的性、真实性、启发性、综合性和能动性的特点。更为重要的是案例教学是教学双方高度互动、分工明确、具有相对规范流程的合作式的教学与学习模式。

七、教学设计

教学设计是为了提高教学效率和教学质量，根据课程标准的要求和学生学习的特点，将教学诸要素有序安排，确定合适的教学方案的设想和计划，包括教学内容（教学课题）、教学目标、教学重点、教学难点、板书设计（及演示文稿）、主要教学方法、教学工具、各阶段时间分配、教学过程、教师活动、学生活动、各阶段设计意图、课后评价与反思等内容。教学设计解决“为什么教”“教什么”“教到什么程度”“怎么教”。

八、教学活动

教学活动是以教学班为单位的课堂教学环节，它是由一个个相互联系、前后衔接的环节构成的，是课堂教学设计的主要内容，以课程“云主机创建”为例教学活动规范填写见表 2-19。

九、教学手段

教学手段是在教学过程中所运用教具的统称，包括现代教学手段和传统教学手段，如幻灯片、收录机、小黑板、多媒体、实物展示台、虚拟仿真实训平台等，以课程云应用开发为例，教学手段规范表述填写见表 2-20。

十、教学内容

教学内容是实现教学目标的载体，是实现教学目标必须完成的教学任务，以课程计算机辅助设计为例，教学内容填写规范表述见表 2-21。

十一、课堂教学组织实施关键环节

课堂教学组织实施通常包括情景假设、新知探究、知识应用三个关键环节，以课程大学英语和食品感官检验为例，课堂教学组织规范表述见表 2-22。

1. 情景假设

情景应贯穿课堂教学的始终。在引发主动学习的启动环节，其基本功能和作用表现在两个方面：一是通过特定的情景，激活学习的问题意识，形成基于问题的学习任务，从而开展提出问题、分析问题、解决问题的学习活动；二是通过特定的情景，使问题与学生原有认知结构中的经验发生联系，激活现有的经验去“同化”或“顺应”学习活动中的新知识，赋予新知识以个体意义，导致认知结构的改组或重建。

2. 新知探究

实现知识内化，即通过解决是什么（陈述性知识）和为什么（建立知识间的联系）的问题，把握知识规律；二是形成专业技能，即通过知识的应用，把握知识应用规律。

3. 知识应用

在这一阶段的教学中，既要完成巩固知识，进行技能性的转化，又要完成把知识转化为能力的任务，还要考虑适应学生不同的学情。需要精心设计训练题，题型要多样化，注意典型性和精练性，同时设置智力台阶：一是基础性应用即与教材上的例题同结构、同题型、同难度的模仿性练习题，用于巩固当堂所学的新知识；二是综合性应用，包括本堂课内所学知识点的综合，本堂课内所学知识与已学知识的综合；三是发展性应用，包括一题多解、一题多变、多题一思路、学科综合。此外，在课堂教学中要落实四项训练，即观察能力的训练、操作能力的训练、表达能力的训练和解决问题能力的训练。

表 2-19 “云主机创建”教学活动

教学环节		教学内容	学生活动	教师活动	教学目的	课程思政	信息化资源、手段和作用
课前（60 min）		学习云主机创建的知识	完成调研任务和线上测试，并进行云主机方案编制	发布学习和调研任务	能够制定云主机创建的初步方案	通过调研云计算在中国社会发展中的重要性，树立科技报国的理念	利用学习通进行线上自主学习
课中（90 min）	课中导言（B）（5 min）	总结调研情况以及课前学习情况	技能标兵回顾上节课知识	讲解课前学习情况	了解如何创建云主机		利用区块链分享技能标兵的学习成果
	课中先测（P）（5 min）	讲解和学习课前测试的错题	学习错题的解题方法	讲解课前测试的错题	了解本次课的重难点		利用学习平台的统计功能，展示易错题
	课中学习目标（O）（5 min）	介绍本次课的学习目标	了解学习目标	介绍本次课的学习目标	了解本次课的学习目标		利用大数据统计展示近几年的学习目标达成情况
	课中参与式学习活动 1（P）-新知讲解（15 min）	学习云主机创建的关键知识和步骤	线上比赛画图绘制云主机的架构图	通过动画讲解云主机创建的步骤，通过虚拟仿真模拟方案制定	掌握云主机创建的关键步骤	通过线上比赛画图，绘制云主机的架构图，培养学生追求卓越的精神	利用虚拟仿真、线上比赛帮助学生理解云主机的知识
	课中参与式学习活动 2（P）-方案完善（20 min）	方案展示、方案点评和方案完善	学生代表展示方案，通过观测清单进行互评，完善方案	讲解方案中的共性问题，点评方案是否满足企业防疫需求	完善云主机的创建方案	通过了解云主机在企业防疫中的应用，筑牢防疫意识	利用腾讯文档、腾讯会议进行分组评价
	课中后测（P）（30 min）	登录云实训平台完成云主机创建	登录云实训平台完成云主机创建	实操示范云主机创建中的关键步骤	掌握云主机的创建	通过动手比赛，完成云主机的创建，支撑企业防疫，筑牢学生的防疫意识	利用云实训平台完成云实训
	课中总结（S）（10 min）	总结本次课内容，布置拓展任务	观看教师科技助农的成果	教师展示云主机部署农村电商平台的成果	了解“农村电商云平台的部署”等助农技术成果	通过了解所学知识在农村脱贫攻坚中的应用，树立科技报国的理念	利用无人机、直播设备完成展示
课后（60 min）		完成拓展任务	分组完成拓展任务，完成个性习题	教师查询学生的活页式电子学习资料，关注个体	能够把完成作品应用于农村的生产生活		通过活页式电子资料帮助学习困难学生掌握教学内容

表 2-20　“教学手段”规范

课程名称	教学手段
云应用开发	①利用云实训平台，开展在线比赛实训； ②利用 ProcessOn 云绘图工具，开展在线比赛画图； ③利用腾讯会议、腾讯文档，开展在线教学以及分组评价； ④利用区块链系统记录学生学习记录和学习成绩，通过二维码共享学习成果； ⑤利用大数据画像分析学生学情，智能推荐个性化习题，因材施教； ⑥利用云虚拟仿真平台，开展方案编制模拟，突破教学难点

表 2-21　“教学内容”规范

课程名称	适用专业	教学内容		
计算机辅助设计 CAD	环境工程技术	模块名称	项目名称	任务名称
		模块 1：CAD 绘图基础	项目 1：CAD 绘图界面及基本命令认知	任务 1：CAD 绘图界面认知
				任务 2：CAD 基本命令认知
		模块 2：二维图的绘制	项目 2：简单图纸绘制实例	任务 3：图框及标题栏的绘制
				任务 4：图纸尺寸标注
		模块 3：生活污水处理工程图的绘制	项目 3：生活污水工艺流程图的绘制	任务 5：绘制工艺流程图
			项目 4：生活污水处理平面布置图的绘制	任务 6：绘制平面布置图
			项目 5：二沉池的绘制	任务 7：绘制二沉池
		模块 4：图纸的打印和输出	项目 6：打印和输出图纸	任务 8：与其他软件文件转换打印布图

表 2-22　“课堂教学组织”规范

课程名称	教学方法	基本步骤
大学英语	情景教学法	①学生分组：教师将学生分为两组，其中一组扮演出差人员，另一组扮演酒店的前台接待服务人员。 ②情景假设：借助多媒体等模拟商旅场景，设置到国外出差并到某酒店咨询订房信息的商旅人士，设置酒店前台服务人员的角色，两个角色在沟通交流后，商旅人士最终成功订到了满意的房间。 ③模拟表演：在此情景模拟中，学生可从角色互动中学习商旅场景下实用的语言技巧和交流要点。 ④总结提升：由教师及其他同学给出意见和建议，并在模拟后进行经验探讨，或者给出一段真实场景下的英语母语者的对话场景视频，将模拟表演与视频进行对比，由此更好地总结与提升
食品感官检验	探究式教学法	①学生课前总结：将不同品牌或同一品牌的某类食品的不同配方或不同工艺进行食品感官检验体验与实践。以学生多环节、多形式的自主探究为主，教师的讲授介绍为辅。在自主探究式学习中了解并掌握食品感官检验分析方法中常用的两点差异法、两点嗜好法、排序法、定量描述分析法等，如白酒的感官定量描述分析方法，学生课上品评两种不同香型白酒，课后统计结果。 ②学生课堂分享：回到课堂展示分享检验结果。使自主探究贯穿于食品感官品尝—品评表达记录—数据统计处理—结果分享分析等环节，吸纳学生积极参与。 ③教师最后总结：通过教师总结，让学生掌握不同感官评价方法在白酒评价中的正确应用

十二、课堂学业评价

课堂学业评价是以课堂教学目标为依据，运用观察、提问、交流、记录等恰当的、有效的工具和途径，系统地收集学生在学习过程中的行为表现、学习态度、学习体验的变化信息和证据，并对学生的知识、能力水平的课堂学习阶段目标的达成情况进行价值判断的过程，以劳动课的评价标准为例见表 2-23。

表 2-23　劳动课——剪纸任务的评价标准

核心素养	主要表现特征
劳动观念（10 分）	积极、愉快地参加劳动（10 分）
劳动能力（30 分）	①文字构图设计合理，有一定的局部造型变化（20 分）； ②熟练使用剪刀或刻刀，剪纸作品线条较流畅（10 分）
劳动习惯和品质（30 分）	①认真完成劳动任务，劳动过程中注意力集中（15 分）； ②能规范摆放剪刀或刻刀，能主动整理桌面，将废弃纸屑投入相应的垃圾桶，保持桌面干净整洁（15 分）
劳动精神（30 分）	①遇到困难努力克服（15 分）； ②对作品品质要求高，精益求精（15 分）

1. 学业评价方式

学业评价方式具备诊断功能、导向功能和激励功能。评价方式包括测试、自测、问答、动手操作、口头汇报、作业、报告或作品展示等，有量化和非量化评价两种。常见的评价步骤包括确立评价标准、决定评价情境、设计评价手段、应用评价结果。

2. 学业评价原则

坚持评价类型多样化，注重单项测试与整体考核相结合、客观性题目与主观性题目相结合、个人项目与团体项目相结合、纸笔测试与行为表达相结合；注重评价与学习、生活、社会情境紧密关联，层次清晰、逻辑严谨，并指向核心知识与能力、过程与方法、情感态度与价值观等素养的具体表现；强化评价与课程标准、教学的一致性，检测“为什么教”“教什么”“教到什么程度”“怎么教”“教的效果如何”，促进“教-学-评”有机高效衔接，推动评价与新技术的深度融合，积极探索增值，引导学生合理运用评价结果改进学习。

附件：《结构力学》“三铰拱的合理拱轴”课堂教学设计

三、培养后段：顶岗实习与毕业成果的多层评价

在人才培养后段，注重结果测评，吸纳顶岗实习单位评价学生在岗表现，吸纳企业导师评价学生毕业设计（论文）是否符合企业行业规范、企业要求、市场需求的现状。自律型的自我问责与契约型的社会问责结合，更好地帮助学校进行同类院校之间、相同专业之间的比较，促进企业参与顶岗实习评价范式的向前发展。

1. 顶岗实习评价标准

（1）顶岗实习的内涵。按照《教育部等八部门关于印发〈职业学校学生实习管理规定〉的通知》（教职成〔2021〕4 号），实习主要包括认识实习和岗位实习。认识实习是职业学校

组织学生到实习单位参观、观摩和体验,形成对实习单位和相关岗位的初步认识的活动;岗位实习(顶岗实习)是将具备一定实践岗位工作能力的学生,在专业人员指导下,辅助或相对独立参与企事业实际工作的活动。顶岗实习是岗位实习的一种,作为必不可少的实践性教育教学环节,学生在实习单位的岗位实习时间一般为6个月;学校在实习前制定好实习方案,明确岗位要求、实习目标、实习任务、实习标准、必要的实习准备和考核要求、实施实习的保障措施等基本要求,为后期的实习管理提出刚性规范化约束。

(2)顶岗实习评价标准。现代教育测量学之父桑代克曾说过:“凡物的存在必有其数量。”企业参与顶岗实习的评价是为教学的评价,关注的是企业参与顶岗实习评价后生成的教学价值,而不是教学如何应对评价。企业参与顶岗实习的评价标准包括企业督导对顶岗实习课程的检查评价、顶岗实习企业对顶岗管理规范性与学生对顶岗岗位适应性评价,是不同企业人员参与顶岗实习评价的基础性判断依据,反馈前5个学期的专业培养质量。

(3)顶岗实习课程教学质量评价表(企业督导用)。顶岗实习课程教学质量评价表涵盖教学态度、教学内容、教学方法、教学效果、教学秩序5个维度18个观测点并以结构性表单的形式呈现。评价表具体包括:在教学态度方面是否提前做好与实习单位、校外指导老师的协调工作,按规定到岗;在教学内容方面是否严格执行教学大纲或任务书,按照实习计划开展顶岗实习;在教学方法上是否根据实习岗位特点,对实习内容、要求及注意事项布置好实习要求;是否根据实习岗位特点,突出职业能力培养,重视职业道德培养和企业文化熏陶;是否根据实习岗位特点,安排实习安全教育环节,培养学生劳动保护意识情况,有记录;是否注重顶岗实习的过程管理,定期检查学生工作日志,定期与校外指导教师联系;是否根据岗位特点,进行考核方法改革,设置考核标准等,见表2-24。

表2-24 顶岗实习课程教学质量评价表(企业督导)

<table>
<tr><td colspan="2">指导教师</td><td colspan="2"></td><td colspan="2">实习单位</td><td></td><td>实习时间</td><td colspan="5">年 月 日</td></tr>
<tr><td colspan="2" rowspan="2">实习岗位</td><td colspan="5" rowspan="2"></td><td rowspan="2">学生考勤</td><td colspan="5">应到 人</td></tr>
<tr><td colspan="5">实到 人</td></tr>
<tr><td colspan="2">所在部门</td><td colspan="2"></td><td colspan="2">顶岗班级</td><td></td><td>评价人</td><td colspan="5"></td></tr>
<tr><td colspan="8" rowspan="2">评 价 指 标</td><td colspan="5">得 分</td></tr>
<tr><td>优秀</td><td>良好</td><td>合格</td><td>不合格</td><td>合计</td></tr>
<tr><td rowspan="4">教学态度(20分)</td><td>1</td><td colspan="6">实习教学大纲或任务书、实习计划等教学文件齐全</td><td>5</td><td>4</td><td>3</td><td>2</td><td rowspan="4"></td></tr>
<tr><td>2</td><td colspan="6">为人师表、治学严谨、以身作则、教书育人</td><td>5</td><td>4</td><td>3</td><td>2</td></tr>
<tr><td>3</td><td colspan="6">提前做好与实习单位、校外指导老师的协调工作</td><td>5</td><td>4</td><td>3</td><td>2</td></tr>
<tr><td>4</td><td colspan="6">严格实习管理,按规定到岗情况,有记录</td><td>5</td><td>4</td><td>3</td><td>2</td></tr>
</table>

续表

教学内容（20分）	5	严格执行教学大纲或任务书，按照实习计划开展顶岗实习工作	5	4	3	2	
	6	根据实习岗位特点，对实习内容、要求及注意事项交代明确；同时注重开发工学结合教学项目或教学案例	5	4	3	2	
	7	根据实习岗位特点，突出职业能力培养，寓职业素质教育于教学之中，重视职业道德培养和企业文化熏陶	5	4	3	2	
	8	根据实习岗位特点，安排实习安全教育环节，培养学生劳动保护意识	5	4	3	2	
教学方法（30分）	9	根据实习岗位特点，与校外指导教师协调，合理分配学生顶岗岗位	5	4	3	2	
	10	注重顶岗实习的过程管理，定期检查学生工作日志，定期与校外指导教师联系	5	4	3	2	
	11	根据实习岗位特点，设计教学组织流程，突出做中学、做中教的职业教育特色，教学手段灵活	5	4	3	2	
	12	根据实习岗位特点，进行实习考核方法改革，设置考核标准	5	4	3	2	
	13	实习报告要求明确，批改认真	10	8	6	4	
教学效果（20分）	14	实习达到大纲或任务书规定的教学目标，学生遵守安全操作规程	10	8	6	4	
	15	学生对实习的综合反映较好，激发了学生学习兴趣	5	4	3	2	
	16	学生掌握了实习岗位的基本技能，培养了合作精神，提高了沟通能力	5	4	3	2	
教学秩序（10分）	17	学生到岗率高，迟到率低	5	4	3	2	
	18	实习秩序良好，学生顶岗工作认真，须独立完成的任务无他人替代	5	4	3	2	
总分							
校外指导教师履行岗位职责情况：优（　　）；良（　　）；中（　　）；差（　　）							
整体评价	1. 对教师教学方法、教学特色方面 2. 对学生学风评价 3. 其他 ①是否开发、重组了导学案、微课、习题库、案例集、作品册、活页教材等教学资源：是（　　）；否（　　）；无法判断（　　）。 ②是否结合课程实际情况引导或培养学生创新创业意识：是（　　）；否（　　）；无法判断（　　）						

（4）顶岗实习企业评教评学标准（顶岗实习企业代表用）。根据教职成〔2016〕3号、教职成〔2021〕4号文件要求，以评价企业对顶岗实习教学目标达成度的教学保障、现场管理为支撑，以评价学生基本工作能力、职业素质满足企业岗位典型工作任务需求为重点，建立顶岗实习企业满意度评价指标。顶岗实习企业满意度评价标准包括“顶岗实习教学管理规范性”“学生岗位适应性”2个一级指标、“实习教学保障”“实习现场管理”“职业技能”等6个二级指标、19个观测点，见表2-25。该评价标准中：企业对顶岗实习教学管理规范性的评价

以学校教学投入为视角,内容涉及顶岗实习大纲、实习计划与时间、实习协议、实习岗位对学生基本专业技能与素养要求等前期教学投入保障,顶岗实习过程管理及终结性评价的企业参与情况;企业对顶岗实习学生岗位适应性的评价学生;以学习产出为视角,内容涉及学生在顶岗实习岗位表现出的职业道德、职业技能、职业发展能力、岗位适应力等职场竞争力。

表 2-25 顶岗实习企业评教评学标准(顶岗实习企业代表用)

一级指标	二级指标	观测点
顶岗实习教学管理规范性	A 实习教学保障	A1 实习协议; A2 实习大纲; A3 实习计划与时间; A4 实习岗位对学生基本专业技能与素养要求; A5 课程设置与职业岗位工作需要的衔接状况
	B 实习现场管理	B1 专职指导教师或辅导员全程管理状况; B2 企业参与顶岗实习学生的成绩评定状况
学生岗位适应性	C 职业道德	C1 服从管理; C2 敬业勤奋; C3 诚实守信
	D 职业技能	D1 专业知识与技能; D2 解决问题能力; D3 工作效率与业绩
学生岗位适应性	E 职业发展能力	E1 沟通与团队合作能力; E2 承压与情绪管理能力; E3 组织能力; E4 主动学习能力
	F 岗位竞争力	F1 学生职业技能与素养改善状况; F2 是否愿意继续接收实习生

(5)顶岗实习企业评教评学调查量表(顶岗实习企业代表用)。

该表是围绕评价标准设计的配套调查量表,结合顶岗实习(用人)单位对学校人才培养质量的预期质量、感知质量、感知价值的特点,按照企业评价的认知习惯设计,包括18个问题,由两部分组成。第一部分是主体部分,内容由两个模块组成:一个模块涉及实习教学保障、实习现场管理的规范性状况,包括2个维度7个指标对应的10个问题;另一个模块涉及企业对学生11项核心职业素质方面的满意度、是否愿意继续接收实习生,包括4个维度12个指标对应的12个问题,核心职业素质的相关调查采用里克特5级正向记分的方式。第二部分是顶岗实习企业的类型、规模等基本情况以及合理化建议等开放性内容,见表2-26。

2. 毕业论文(设计)评价标准

(1)毕业论文(设计)的内涵。毕业论文是学生毕业前的总结性独立完成的综合性作业,是学生运用在校学习的基本知识和基础理论,去分析解决某个实际问题的实践锻炼过程。毕业设计是工、农、林等学生在教师指导下根据选定的课题进行工程设计和研究,包括设计、计算、绘图、工艺技术、经济论证以及合理化建议等,旨在检验学生综合运用所学的理论、知识和技能解决实际问题的能力,是实践性教学的最后一个环节。

表 2-26　顶岗实习企业评教评学调查量表（顶岗实习企业代表用）

第一部分　用人单位对顶岗实习教学及学生的评价

1. 贵单位是否已跟学校签订建立校外实训实习基地协议书？如果还没有，是否愿意签订？
A. 已签订；B. 没签订，希望签订；C. 没签订，不打算签订；D. 不清楚

2. 学生在贵单位顶岗实习的大致时间是：
A.1 个月以下；B.1~3 月；C.4~6 月；D.7~12 月；E.12 个月以上

3. 贵单位有没有收到实习计划？您觉得实习计划可行吗？
A. 收到，实习计划详细可行；B. 收到，实习计划尚需改进；C. 没收到；D. 不了解

4. 贵单位有没有收到实习大纲、指导书？有没有参与大纲、指导书制定和修订工作？
A. 收到，有参与；B. 收到，没参与；C. 没收到，有参与；D. 没收到，没参与

5. 贵单位对实习生英语和计算机等级考试的成绩有没有要求？
A. 只要求英语；B. 只要求计算机；C. 英语和计算机都要求；D. 无要求

6. 贵单位对要实习的非技术岗位人员的专业是否对口，持何种态度？
A. 优先考虑专业对口者；B. 非专业对口者基本不予考虑；C. 不限专业，依据具体情况而定

7. 学生在贵单位实习时，是否有专职指导教师或辅导员全程跟踪实习？
A. 有，每隔一定时间可以见到他们；B. 有，偶尔能见到他们；C. 没有，由实习单位代管或学生自主管理

8. 贵单位是否参与顶岗实习学生的成绩评定？
A. 有参与；B. 没有参与

9. 您认为学校课程设置与职业岗位工作需要的衔接如何？
A. 很好；B. 较好；C. 一般，需改进；D. 不好，需改进；E. 非常不好，急需改进

10. 学生在贵单位实习后，您认为学生的职业技能与职业素质是否提高？
A. 有很大提高；B. 有提高；C. 有一点提高；D. 没有多大提高；E. 完全没有提高

11. 贵单位对学生下列职业素质满意度的情况及您认为各项素质的相对重要性：

	非常满意	满意	一般	不满意	非常不满意	非常重要	重要	一般	不重要	非常不重要
11-a. 服从管理	☐	☐	☐	☐	☐	☐	☐	☐	☐	☐
11-b. 敬业勤奋	☐	☐	☐	☐	☐	☐	☐	☐	☐	☐
11-c. 诚实守信	☐	☐	☐	☐	☐	☐	☐	☐	☐	☐
11-d. 团队精神	☐	☐	☐	☐	☐	☐	☐	☐	☐	☐
11-e. 专业技能	☐	☐	☐	☐	☐	☐	☐	☐	☐	☐
11-f. 沟通能力	☐	☐	☐	☐	☐	☐	☐	☐	☐	☐
11-g. 承压能力	☐	☐	☐	☐	☐	☐	☐	☐	☐	☐
11-h. 学习能力	☐	☐	☐	☐	☐	☐	☐	☐	☐	☐
11-i. 组织能力	☐	☐	☐	☐	☐	☐	☐	☐	☐	☐
11-g. 创新能力	☐	☐	☐	☐	☐	☐	☐	☐	☐	☐
11-k. 工作业绩	☐	☐	☐	☐	☐	☐	☐	☐	☐	☐

12. 贵单位今后是否考虑继续接收学校实习生及录用毕业生？
A. 打算继续接收实习生并录用毕业生；　B. 打算继续接收实习生，但不打算录用毕业生；
C. 打算不再继续接收实习生，但打算录用毕业生；　D. 打算不再接收实习生及录用毕业生

第二部分　用人单位基本情况及其他

13. 贵单位性质：
A. 党政机关/事业单位；B. 国有企业；C. 中外合资/外商独资企业；D. 民营/个体；E. 其他

14. 贵单位规模：
A.100 人以下；B.100~300 人；C.300~500 人；D.500~1000 人；E.1000~3000 人；F.3000 人以上

续表

15. 贵单位接收的顶岗实习学生主要来自： 15-a. 经管文史类：□财贸学院　□管理学院　□外语学院 15-b. 理工类：□机电学院　□食品学院　□轻化学院　□信息学院　□汽车学院　□环境学院 15-c. 艺术类：□艺术设计学院			
16. 贵单位主营业务所属行业大类是：			
510000	□农林牧渔大类	600000	□环保、气象与安全大类
520000	□交通运输大类	610000	□轻纺食品大类
530000	□生化与药品大类	620000	□财经大类
540000	□资源开发与测绘大类	630000	□医药卫生大类
550000	□材料与能源大类	640000	□旅游大类
560000	□土建大类	650000	□公共事业大类
570000	□水利大类	660000	□文化教育大类
580000	□制造大类	670000	□艺术设计传媒大类
590000	□电子信息大类	690000	□法律大类
17. 请问您的岗位或职务是： □岗位负责人或一线管理人员　□人力资源管理人员　□单位负责人　□其他			
18. 若有，请写下您对顶岗实习的良好建议：			

（2）毕业论文（设计）教学质量评价表。企业参与毕业论文（设计）评价是一个强调不断收集数据、分析数据、应用数据、改善教学的持续性过程，目的是驱动评价结果并应用于课程的整合、专业人才培养方案的调整等方面，以达到不断改善教学、帮助学生实现个体价值发展的目标。评价量表按照毕业论文（设计）的教学活动规律，包括“选题”“指导”“中期检查”“答辩、论文或作品质量”“成绩评定”“材料归档”6个一级指标、13个观测点，如表2-27所示。

四、培养出口：来自雇主对毕业生的竞争力评价

本真的人才培养质量评价的生态发展不能行走在“单一主体”单一视角的路径上，企业“协同参与”的关键在于评价过程的多维视角和同一视角下的客观理性，否则，“协同参与”必然流于形式。企业协同参与人才培养质量评价的伦理目标是学校、教师、学生和企业都获得成长和增值。

（1）雇主满意度的内涵。雇主满意度是指企业通过岗位履职情况，对员工完成工作任务的态度、知识、能力、素质等所感知的效果与期望值相比较后所形成的感受。聚焦效果反馈，组织雇主（用人单位）每年定期反馈专业培养目标的达成效果。运用计算机和网络技术开发信息化评价系统，实现海量评价数据的收集、分析，提高信息处理、数据挖掘、报告生成的多维化与动态性，以提高企业参与评价的准确性和及时性。

（2）雇主满意度调查评价标准。以评价学生的学习产出为视角，内容涉及学生在就业岗位表现出的职业道德、职业技能、职业发展能力和岗位竞争力。包括学生“岗位表现力”“招聘竞争力”满意度2个一级指标，涉及“职业道德素养”“知识技能水平”“职业社会

表 2-27 毕业论文(设计)教学质量评价表(企业督导)

指导教师		题 目		时 间	年 月 日		
所在部门		评价人		班 级(人数)			
评 价 指 标			得分				
			优秀	良好	合格	不合格	合计
选题(5分)	1	按照专业与岗位的需要拟出符合专业培养目标,符合实际需要的课题,课题量要多于指导学生人数的30%,供学生选择,少一题扣1分	5	4	3	2	
指导(50分)	2	具备指导教师资格,具有中级技术职称的指导老师指导学生人数不能超过1∶10,具有高级技术职称的教师指导学生人数不能超过1∶15,如有初级职称人员协助可增加3~5人	5	4	3	2	
	3	指导学生了解毕业设计的目的、意义、任务和要求;结合实际拟好指导计划和工作程序,按时下达"毕业设计任务书"毕业设计;任务书的结构规范详尽,突出重点,过程安排合理	15	12	9	6	
	4	指导学生拟订毕业设计实施方案、撰写毕业设计说明书	10	8	6	4	
	5	指导学生查阅文献和使用资料,并提供必要的毕业设计条件	10	8	6	4	
	6	指导过程中注重培养学生分析问题、解决问题能力	10	8	6	4	
中期检查(10分)	7	检查学生工作进度和质量的工作计划,并对学生进行阶段考核;及时发现并指出学生在毕业设计过程中暴露出来的问题并予以纠偏,按规定记录检查情况	10	8	6	4	
答辩论文或作品质量(20分)	8	作好答辩前的工作准备,进行答疑指导	5	4	3	2	
	9	根据系(院)安排和学校规定,组织学生参加答辩并协助维持秩序	5	4	3	2	
	10	学生毕业论文撰写符合规范、毕业设计符合行业企业要求、毕业作品符合市场需求	10	8	6	4	
成绩评定(10分)	11	制定成绩评定标准,根据学生的出勤、答疑、讨论等设计过程表现和毕业设计(论文)质量,按照标准对每个学生进行成绩评定	5	4	3	2	
	12	根据学生态度及考核成绩等方面写出评语,少1份评语扣1分	5	4	3	2	
资料归档(5分)	13	毕业设计(论文)材料齐全、规范;在教务处规定时间内,将学生毕业设计(论文)材料移交教研室验收	5	4	3	2	
总分							
整体评价	1. 对教师教学方法、教学特色方面 2. 对学生学风评价 3. 其他 ①是否开发、重组了微课、案例集、作品册、活页教材等教学资源:是( );否( );无法判断( )。 ②是否结合课程实际情况引导或培养学生创新创业意识:是( );否( );无法判断( )						

能力”3 个二级指标,“创新意识与组织能力”“个人应聘表现或工作价值观”等方面的 14 个观测点,见表 2-28。

表 2-28 雇主满意度调查评价标准

一级指标	二级指标	观测点
岗位表现力满意度	A 职业道德素养	A1 服从管理; A2 敬业勤奋; A3 诚实守信
	B 知识技能水平	B1 专业知识与技能 ; B2 解决问题能力; B3 工作效率与业绩
岗位表现力满意度	C 职业社会能力	C1 沟通与团队合作能力; C2 承压与情绪管理能力; C3 创新意识与组织能力; C4 主动学习能力
招聘竞争力满意度	D 岗位竞争力(与本科/中职比)	D1 薪酬; D2 学习情况或职业资格证书; D3 专业实习或在校兼职经历; D4 个人应聘表现或工作价值观;

(3)雇主满意度调查量表(就业单位代表用)。围绕评价标准设计的调查量表结合雇主(就业单位)对毕业生职业道德素养、知识技能水平、职业社会能力、岗位竞争力的预期质量、感知质量、感知价值的特点,按照企业评价的认知习惯设计结构性表单,采用里克特 5 级正向记分的方式。包括 2 个维度 4 个指标对应的 14 个观测点、17 个问题,如表 2-29 所示。

表 2-29 雇主满意度调查量表

1. 服从管理
重要性:□非常不重要 □不重要 □一般或无法判断 □重要 □非常重要
满意度:□非常不满意 □不满意 □一般或无法判断 □满意 □非常满意
2. 敬业勤奋
重要性:□非常不重要 □不重要 □一般或无法判断 □重要 □非常重要
满意度:□非常不满意 □不满意 □一般或无法判断 □满意 □非常满意
3. 诚实守信
重要性:□非常不重要 □不重要 □一般或无法判断 □重要 □非常重要
满意度:□非常不满意 □不满意 □一般或无法判断 □满意 □非常满意
4. 专业知识与技能
重要性:□非常不重要 □不重要 □一般或无法判断 □重要 □非常重要
满意度:□非常不满意 □不满意 □一般或无法判断 □满意 □非常满意

续表

5. 解决问题能力	
重要性:□非常不重要 □不重要 □一般或无法判断 □重要 □非常重要	
满意度:□非常不满意 □不满意 □一般或无法判断 □满意 □非常满意	
6. 工作效率与业绩	
重要性:□非常不重要 □不重要 □一般或无法判断 □重要 □非常重要	
满意度:□非常不满意 □不满意 □一般或无法判断 □满意 □非常满意	
7. 沟通与团队合作能力	
重要性:□非常不重要 □不重要 □一般或无法判断 □重要 □非常重要	
满意度:□非常不满意 □不满意 □一般或无法判断 □满意 □非常满意	
8. 承压与情绪管理能力	
重要性:□非常不重要 □不重要 □一般或无法判断 □重要 □非常重要	
满意度:□非常不满意 □不满意 □一般或无法判断 □满意 □非常满意	
9. 组织能力	
重要性:□非常不重要 □不重要 □一般或无法判断 □重要 □非常重要	
满意度:□非常不满意 □不满意 □一般或无法判断 □满意 □非常满意	
10. 主动学习能力	
重要性:□非常不重要 □不重要 □一般或无法判断 □重要 □非常重要	
满意度:□非常不满意 □不满意 □一般或无法判断 □满意 □非常满意	
11. 贵单位对高职毕业生职业道德、职业技能、职业素质的整体满意度	
满意度:□非常不满意 □不满意 □一般或无法判断 □满意 □非常满意	
12. 与本科/中职生相比,贵单位招聘高职生	
12-1. 学生劳动力成本(薪酬)与专业能力(学历)的性价比	重要性:□非常不重要 □不重要 □一般或无法判断 □重要 □非常重要 满意度:□非常不满意 □不满意 □一般或无法判断 □满意 □非常满意
12-2. 学生学习情况或职业资格证书	重要性:□非常不重要 □不重要 □一般或无法判断 □重要 □非常重要
	满意度:□非常不满意 □不满意 □一般或无法判断 □满意 □非常满意
12-3. 学生专业实习或在校兼职经历	重要性:□非常不重要 □不重要 □一般或无法判断 □重要 □非常重要
	满意度:□非常不满意 □不满意 □一般或无法判断 □满意 □非常满意
12-4. 学生个人应聘表现或工作价值观	重要性:□非常不重要 □不重要 □一般或无法判断 □重要 □非常重要
	满意度:□非常不满意 □不满意 □一般或无法判断 □满意 □非常满意
13. 与本科/中职毕业生相比,贵单位对招聘高职生的总体竞争力	
满意度:□非常不满意 □不满意 □一般或无法判断 □满意 □非常满意	
14. 贵单位是否愿意继续招聘高职毕业生	
□非常不愿意 □不愿意 □一般或无法判断 □愿意 □非常愿意	

五、培养全程：专业办学水平的综合诊断性评价

现代专业评价理论与实践强调专业的自我评价与他方参与相结合，注重专业学生学习产出的评价过程。专业通常和利益相关群体一同回顾评价结果，共同商议专业设置、资源分配和学生学习体验该如何进一步改进。组织企业面向有毕业生的专业、每三年全面诊断评价一次专业的办学优势与发展短板，形成企业全链式参与专业评价的闭环，通过综合评价提升专业整体办学水平。

（1）专业办学水平评价的内涵。专业办学水平评价是以特定的专业为评价对象并由政府、社会组织、行业企业等评价组织机构发起，以某一指标体系为参照尺度，由专业团队提供支持评价的数据和资料等实证材料、评价专家分析数据、资料等量化数据和事实信息，对专业的培养目标、办学资源、学生学习成果、服务对象满意度、社会声誉等进行价值判断，并分析专业建设的优势和劣势、面临的危机与挑战，进而提出建设性策略和行动方案的活动。企业参与专业办学水平综合评价的整个过程中，参与评价的不仅包括评价的“组织者”和“实施者”，还包括与被评专业相关的“所有人”——教师、学生、企事业用人单位以及企业专家等的共同参与。

（2）“自我诊断+企业参与”专业评价标准。按照专业建设的目标、内容、保障三要素分类制定了工科大类、本科层次专业等专业评价标准，包括“专业目标与教学过程”“师资队伍”“招生、学习与就业”“服务对象满意度”“技能竞赛、创新创业竞赛、进入孵化的创业项目、标志性成果等”5个一级指标，“培养目标及专业核心能力”等17个二级指标，49个观测点，见表2-30。按照第四代教育评价中提出的“契合多元价值的评价标准”的理念，评价教师授课质量“四方”综合评价数据，学生、雇主满意度调查数据，师生大赛获奖数据，招生、报到、就业数据等，构建了“所有参与评价人全面参与的评价氛围”，见【拓展4】。

表2-30　“自我诊断+企业参与”专业评价标准（适用于职教本科/应用型本科专业）

一级指标	二级指标	观测点	数据来源及评分标准
1.专业目标与教学过程（25分）	1.1　培养目标及专业核心能力（5分）	1.1.1　培养目标一致性 1.1.2　职业素质吻合性 1.1.3　专业核心能力符合性	1.1.1项，一致性强弱评分由0~1分 1.1.2项，吻合性强弱评分由0~2分 1.1.3项，符合性强弱评分由0~2分
	1.2　教学计划及课程实施（8分）	1.2.1　教学计划（实施）的有效性 1.2.2　遴选教材的时效性 1.2.3　专业核心课程对核心能力培养的支持度 1.2.4　考核方式（如笔试+任务考核+业绩考核）对岗位核心能力培养的支持度	有效性或支持度强弱评分由0~2分
	1.3　实践环节及创新能力培养（6分）	1.3.1　实训资源对学生实训的支持度 1.3.2　实践环节对核心能力培养的支撑度 1.3.3　培养创新能力方法和措施的有效性	支撑度或有效性强弱评分由0~2分
	1.4　教学过程管理（6分）	1.4.1　动态调整专业人才培养方案的有效性 1.4.2　周期开展专业建设教研活动的有效性 1.4.3　教学过程质量控制方法的有效性	有效性强弱评分由0~2分

续表

一级指标	二级指标	观测点	数据来源及评分标准
2. 师资队伍（25 分）	2.1　教师结构（10 分）	2.1.1　硕士、博士比例达 50% 2.1.2　有一定数量的具备本专业（行业）职业资格和任职经历的老师	每项达标为 5 分； 2.1.1　硕博比例未达标= 5×（实际比例/50%）； 2.1.2　按数量多少评分由 0~5 分
	2.2　教师教改能力（5 分）	2.2.1　教法改革典型案例 2.2.2　教材改革典型案例	每项达标为 2.5 分； 2.2.1　教学方法改革是否有应用于课堂教学组织实施的设计框架； 2.2.2　教材改革是否有与企业联合并基于岗位工作内容开发的数字教材或活页讲义
	2.3　教师授课质量（10 分）	2.3.1　学生评教情况	数据来源：被评专业所属学校评教系统 评分标准： ①专业教师授课评价存在学生评教≤75 分的，此项得 0 分； ②专业教师授课评价不存在学生评教≤75 分时，按以下标准评价，全体专业老师的评教平均分≥85 分，得 5 分；评教≥90 分的老师占全体专业老师比≥50%，得 5 分；全部满足时得 10 分
3. 招生、学习与就业（10 分）	3.1　学生入口（4 分）	3.1.1　吸引生源措施的有效性 3.1.2　招生计划录取率和报到率	评分标准： 3.1.1 项，按有效性强弱评分由 0~1 分； 3.1.2 项，要求计划录取率≥100%，报到率≥90%。①达到目标值计 3 分；②未达到目标值得分的计算公式为： 3×[（实际计划录取率/100%）+（实际报到率/90%）]/2
	3.2　学生学习（2 分）	3.2.1　学习结果	评分标准：考试通过率≥95% ①达到目标值得满分； ②未达到目标值得分的计算公式为：2×实际通过率/95%
	3.3　学生出口（4 分）	3.3.1　学生获取证书率 3.3.2　学生就业对口率 3.3.3　应届毕业生在本省市就业比例 3.3.4　初次及年底就业率	评分标准： 3.3.1 项，学生获取证书率≥100%，得 1 分； 3.3.2 项，学生就业对口率≥60%，得 1 分； 3.3.3 项，应届毕业生在本省市就业比例≥70%，得 1 分； 3.3.4 项，要求初次就业率≥90%，年底就业率≥95%。①达到目标值得 1 分； ②未达到目标值得分的计算公式为：[（实际初次就业率/90%）+（实际年底就业率/95%）]/2

续表

一级指标	二级指标	观测点	数据来源及评分标准
4. 服务对象满意度(40分)	4.1 学生在校学习体验(12分)	包含以下6项指标:课程学习环境、课程学习体验、技能训练过程、学习管理与沟通、受关注程度、学习成果与发展	数据来源:“教学质量学生满意度调查系统”和“用人单位满意度调查系统” 评分方法:目标分值 $\times[(\sum K_iA_i/\sum A_i)/5]$ K_i:各项指标实际满意度(依托调查系统开展各项专业调查的实际数据,专家进入调查系统核实);A_i:专家依据经验对该项调查指标给出重要程度判断(1~5分)
	4.2 学生招聘竞争力(8分)	包含以下4项指标:薪酬、学习情况或职业资格证书、专业实习或在校兼职经历、个人应聘表现或工作价值观	
	4.3 学生岗位表现竞争力(20分)	包含以下10项指标:服从管理、敬业勤奋、诚实守信、专业知识与技能、解决问题、工作效率与业绩、沟通能力与团队协作能力、承压与情绪管理能力、组织能力、创新创业能力	
5. 技能竞赛、创新创业大赛、进入孵化的创业项目、标志性成果等(加分项)	5.1 国家级(含行业协会)及以上奖项	以获奖证书为准	每获奖1项加5分,上不封顶
	5.2 省级(含行业协会)奖项	以获奖证书为准	每获奖1项加3分,上不封顶
	5.3 市级(含行业协会)及以下奖项	以获奖证书为准	每获奖1项加1分,上不封顶
	5.4 进入孵化的创业项目	以孵化证明为准	每孵化1项加10分,上不封顶

【拓展4】 “自我诊断+企业参与”职业院校专业评价实施方案

(适用于职教专科/本科专业)

第一部分“自我诊断+企业参与”专业评价委员会章程

第一章 总 则

第一条 为适应国家经济发展和产业转型升级、服务国家创新驱动发展战略和中国制造2025的需求,参照教育部《高等职业学校专业教学标准(试行)》(教职成司函〔2012〕217号),依据《关于全面推进职业院校教学工作诊断与改进制度建设的通知》(教职成司函〔2017〕56号)、教育部《职业学校校企合作促进办法》(教职成〔2018〕1号)精神,进一步深化高职专业产教深度融合,从“教育+企业”的视角促进专业的自我诊断与持续改进,不断提升专业人才培养质量,特制定本章程。

第二条 “自我诊断+企业参与”专业评价委员会(简称专业评价委员会)是由专业专家和企业专家组成的推进专业评价试点工作的机构,与全国现代学徒制工作专家指导委员会、全国相应行业职业教育教学指导委员会协同工作,统筹负责专业评价事务的决策、审议、指导和咨询等事项,逐步实现专业定期常态化的自我诊断与企业参与的评价机制,推进专业建设产教融合。

第二章　职　责

第三条　专业评价委员会致力于促进职业院校人才培养与专业“自我诊断+企业参与”专业评价体系与模式的研究与探索，推动专业人才培养质量的提高。

第四条　关注专业发展规划和专业人才培养方案，并对其提供咨询意见。

第五条　指导专业诊断与改进工作，建立专业诊断评价标准与改进制度，搭建数据平台，依托信息化技术手段实现数据的监控预警。包括以下工作。

（1）推出评价原则：坚持“四结合”原则，即客观评价与主观评价相结合、学生学习评价与教师教学评价相结合、数据分析与专家经验相结合、服务决策与注重实效相结合，让评价结果最终为提升专业人才培养质量服务。

（2）建立评价标准体系：依据《高等职业学校专业教学标准》（教职成司函〔2012〕217号），通过调研访谈、比较筛选、专家咨询等方法确定核心评价指标，建立评价标准体系诊断专业的办学水平和可持续发展能力。

（3）提供信息化调查平台：调查平台以满足学生、教师、雇主对学习成果的价值需求为逻辑起点，诊断学生学习行为表现、知识技能、职业社会能力、就业信心与招聘竞争力；引导专业团队反思专业是否面向岗位及岗位群培养高素质技术技能型人才，助力学生职业适应性发展，探索建立学校“产教学”深度融合的专业诊断性评价新机制。

（4）组织评价及实施过程：对符合专业评价条件的申请学校，指导其完成并提交专业基本状况表、课程合理（符合）性反思确认表、专业调查、专业自我诊断表以及专业评价佐证材料；组织企业专家网上评价及实地考查，完成专家评价意见表；组织召开专业改进反馈会；对专业评价结论为“通过”的专业由相应行业职业教育教学指导委员会或全国现代学徒制工作专家指导委员会颁发证书。

第三章　委　员

第六条　专业评价委员会委员须有高级专业技术职务或同等职务，并符合以下条件：

（1）遵守法律和专业评价章程，学风端正、治学严谨、公道正派；

（2）在专业领域已取得公认的专业成果，有良好的业绩声誉；

（3）关心专业建设和发展，有参与专业议事的意愿和能力，能够正常履行职责。

第七条　委员由学校专业专家和企业专家组成，由学校和关联企业推荐产生。

第八条　委员会设主任委员1名，副主任委员若干名，由全体委员选举产生。

第九条　专业评价委员会委员在任期内有下列情形，可免除或同意其辞去委员职务：

（1）主动申请辞去或因身体、年龄及职务变动等原因不能履行职责的；

（2）怠于履行职责或有评价不端行为的；

（3）因其他原因不能或不宜担任委员职务的。

第十条　专业评价委员会委员实行任期制，每届任期3年，委员可连选连任。

第十一条　专业评价委员会委员享有以下权利：

（1）可查询提取与专业评价事务相关的学校信息；

（2）就专业评价事务向学校相关职能部门提出咨询和质询；

（3）在委员会会议中自由、独立地发表意见，讨论、审议和表决各项决议；

（4）对专业评价委员会的工作提出建议、实施监督。

第十二条　专业评价委员会委员履行以下义务：

（1）遵守专业评价规范，恪守专业评价道德；

（2）勤勉尽职，积极参加专业评价委员会会议及有关活动；

（3）不得接受邀请参加待评学校任何涉及经济利益的活动。

第四章　运　行

第十三条　专业评价委员会实行例会制，每年度召开 1 次全体委员会议。经主任委员或三分之一以上委员联名提议，可临时召开专业评价委员会全体会议，商讨、决定相关事项。

第十四条　专业评价委员会设立秘书处，作为常设办事机构在秘书长领导下工作，具体负责申请专业评价学校的资格审核和基本材料的形式审核，以及专业评价委员会交办的其他工作。

第十五条　专业评价委员会主任会议由主任委员根据需要召集，商讨、决定专业评价委员会日常工作。主任会议成员由主任委员、副主任委员以及秘书长组成。

第五章　附　则

第十六条　本章程由专业评价委员会负责解释。

第十七条　本章程自发布之日起施行。

第二部分　“自我诊断+企业参与”专业评价标准及指标内涵

1　专业评价标准及方法

1.1　专业诊断评价标准

“自我诊断+企业参与”高等职业院校专业评价标准（以下简称专业诊断评价标准）是在全国现代学徒制工作专家指导委员会的指导下，由广东轻工职业技术学院李青教授团队研究制定。考虑专业团队与企业专家对专业办学认知广度和深度的差异性，通过调研访谈、比较筛选、专家咨询等方法确定的核心评价指标，既符合企业对专业评价的认知习惯，又可以测量出专业对学生面向岗位及岗位群关键核心能力的培养水平。

专业诊断评价标准从专业办学的目标与过程、核心保障条件、专业发展声誉、服务对象的教学价值满意度、标杆学生培养质量等 5 个维度来诊断专业的质量水平和可持续发展能力。具体包括 5 个一级指标、17 个二级指标和 32 个观测点，并以学生、雇主等在学习或用人过程中的体验为 KPI 指标来诊断专业人才培养质量。

1.2　专业诊断评价方法

专业诊断评价标准中可定量计算的指标，采取“结果—目标对比法”，按照计算公式直接计算打分或按照评价标准结合评价主体经验采用先赋分后计算的方法对专业进行评价。也可利用或借鉴下列评价工具进行评价。

教学和专业档案袋（Teaching and Professional Portfolios）。对专业的建设规划、专业教学标准、专业师资队伍等教学必备资源的综合评价以及对专业教学过程信息的统计汇总。

专业观察（Professional Observations）。从专业提供的信息分析专业教学情况、专业教学过程中反映的学生学习和师资队伍建设情况、专业办学过程中体现的专业教学基础管理情况。

部门专业研讨（Departmental Professional Seminars）。专业团队中的教师与专业带头人一起交换专业建设意见的方式。

外部同行评议(External Peer Review)。将专业的建设规划、专业教学标准、专业师资队伍等教学必备材料送往同专业的专家学者进行的评价。

自评报告(Self-evaluation Report)。专业提供的自我反思文档,形式包括表、图、文字等。包括专业团队对专业的投入、专业的发展目标、专业的教学标准、专业的基础管理、拟采取的改进措施等方面的反思,如"专业自我诊断表"。

反馈备忘录(Reflective Memo)。提供给专业的反馈性文档,包括专业由谁评价、何时被评价、如何被评价、评价结果以及存在的问题,如"专家评价意见表"。

1.3　专业诊断评价工具

按照专业诊断评价指标体系的内涵、计算公式或者赋分原则,用EXCEL开发评价打分表或选用专业评价委员会推荐的"小程序"。

2　专业评价指标及内涵

2.1　专业目标与教学过程

2.1.1　培养目标及专业核心能力

2.1.1.1　培养目标一致性(Consistency in Training Objectives)

专业人才培养方案中确定的培养目标与行业企业或社会需求的人才目标相一致。

2.1.1.2　职业素质吻合性(Conformity to Occupational Competencies)

专业人才培养方案中对学生职业素质的要求与学生未来主要从事的行业企业工作中所需员工实际职业素质相吻合。

2.1.1.3　专业核心能力符合性(Conformity of Specialty Core Competencies)

专业人才培养方案中所要求的诸如在专业领域应具备熟悉材料配方设计、材料加工、性能分析、加工设备的装配维修等专业核心能力符合行业企业工作中对专业核心能力的要求。

2.1.2　教学计划及课程实施

2.1.2.1　联合制订教学计划的有效性(Effectiveness of Teaching Program of Jointly-developed)

课程安排具有逻辑性、系统性,体现现代工科教育特点,能有效支撑专业培养目标。

2.1.2.2　联合开发遴选教材的时效性(Timeliness of Teaching Materials Selection of Jointly-developed)

选用能与行业、企业实际需要对接的实用性教材。

2.1.2.3　专业核心课程设置对核心能力培养的支持度(Support Degree of Specialty Core Courses Setting to the Training of Core Competencies)

专业核心课程设置符合行业、企业对人才规格的要求,对核心能力培养有支撑。做到了五个对接:专业与产业对接、课程内容与职业标准对接、教学过程与生产过程对接、学历证书与职业资格证书对接、职业教育与终身教育对接。

2.1.2.4　考核方式对岗位核心能力培养的支持度(Support Degree of Evaluation Methods to the Training of Core Occupational Competencies)

考核方式能体现出对核心能力培养的支撑,如笔试+任务考核+业绩考核等,且符合课程特点、形式多样。

2.1.3 实践环节及创新能力培养

2.1.3.1 联合开发的实训资源对学生实训的支持度(Degree of Support of Jointly-developed Practical Training Resources to the Practical Training of Students)

与行业、企业联合开发实训资源,开发的实训资源对学生实训课程或实训项目的教学目标有支撑。

2.1.3.2 实践环节对核心能力培养的支持度(Support Degree of Practical Training to Developing Core Competencies)

配备足够的、具有实践经验的指导教师,实践内容、实践方法对核心能力培养有支撑。

2.1.3.3 培养创新能力方法和措施的有效性(Effectiveness of Methods and Measures to Nurture Innovation Capacity)

(1)在本专业整个教学和管理的相关工作中所贯彻的创新训练方法是有效的。

(2)提倡和鼓励学生参加创新实践的措施是有效的。

2.1.4 教学过程管理

2.1.4.1 动态调整专业人才培养方案的有效性(Effectiveness of Dynamically Adjusted Specialty Talent Training Plan)

能根据行业、企业对专业人才规格需求的变化、企业现实技术水平、技术发展趋势或实施过程中发现的问题等及时调整专业人才培养方案,并有制度或措施保障使动态调整专业人才培养方案的做法有效地促进专业人才培养规格与企业实际需求的对接。

2.1.4.2 周期开展专业建设教研活动的有效性(Effectiveness of Periodical Specialty Development Research Activities)

能根据专业发展规划,聚焦实际问题开展专业建设为主题的教研活动,并有制度或措施保障周期性开展的教研活动。企业导师参与教研活动≥2 次/学期,活动有效地促进了本专业的建设。

2.1.4.3 教学过程质量控制方法的有效性(Effectiveness of Teaching Process Quality Control)

所采用的方法对教学质量控制是行之有效的,含师傅遴选、学徒管理等。

2.2 师资队伍

2.2.1 教师结构

2.2.1.1 校企组建“双导师”团队(School and Enterprise Establishing Team of “Double Tutors”)

具有行业企业实践经历的专任、兼任教师或双师型教师,“双导师”团队生师比≤5∶1。

2.2.1.2 企业与学校专业教师比例(Enterprise and School Teachers Ratio)

校企组建“双导师”团队中,企业师资∶专业教师≥1∶2。

2.2.1.3 专业教师高级职称百分比(Percentage of Teachers with High Professional Title)

具有高级职称的教师百分比须达到或超过该专业教师总数的 35%。

2.2.1.4 专业教师企业实践(Teachers’ Practice in Enterprise)

全部专业教师 5 年内累计全职在企业实践≥6 个月,入职未满 5 年的按任职年度比例折算在企业全职实践时间。

2.2.2　教师教改能力

2.2.2.1　教法改革典型案例(Typical Cases of Teaching Methods Reform)

教学方法改革是否有应用于课堂教学组织实施的设计框架。

2.2.2.2　教材改革典型案例(Typical Cases of Teaching Material Reform)

教材改革是否有与企业联合并基于岗位工作内容开发的数字教材或活页讲义。

2.2.3　教师授课质量

2.2.3.1　多方评教情况(Multi-party Teaching Evaluation)

可采用参评专业所属学校的评教系统。由学生、督导、同行三方的综合分数评价教师授课质量,如系统中只有学生一方评教,则可由学生评教数据代替三方的综合分数。

2.2.3.2　学生评教情况(Student Ratings of Teaching)

三方综合评价中的学生评价教师授课质量。本评价标准规定如下。

(1)专业教师授课评价存在学生评教≤75 分的,此项得 0 分。

(2)专业教师授课评价不存在学生评教≤75 分的,按以下标准执行。

评价:全体专业教师的三方综合评教平均分≥85 分,得 5 分;学生评教平均分≥85 分,得 2.5 分;学生评教≥90 分,教师占全体教师比≥50%,得 2.5 分;全部满足时得 10 分。

2.3　招生、学习与就业

2.3.1　学生入口

2.3.1.1　吸引生源措施的有效性(Effectiveness of Student Attracting Measures)

专业有吸引优秀生源的制度和措施,并且有效,使生源数量和质量逐年稳定提升。

2.3.1.2　招生计划录取率和报到率(Student Admission Rate and Registration Rate Against Enrollment Plan)

每年专业招生计划录取率≥100%,报到率≥85%。

2.3.2　学生学习

2.3.2.1　学习结果(Learning Outcome)

专业课程考试通过率≥95%。

2.3.3　学生出口

2.3.3.1　学生获得证书率(Certificate Acquisition Rate)

学生毕业时获得毕业证、英语等级证、计算机等级证、职业技能证四类证书率达到100%(无对应职业资格证书的按达到计算)。

2.3.3.2　学生就业对口率(Employment Matching Rate of Students)

学生就业岗位与所学专业对口率≥60%。

2.3.3.3　应届毕业生在本省市就业比例(Local Employment Ratio of Fresh Graduates)

应届毕业生在本省市就业比例≥70%。

2.3.3.4　初次及年底就业率(Initial and End-of-Year Employment Rate)

当年毕业生初次就业率≥90%,年底就业率≥95%。

2.4　服务对象满意度

2.4.1　学生在校学习体验(In-Campus Learning Experience of Students)

以问卷形式进行服务对象学生的满意度调查,获得对专业评价的评分。可采用专业评价委员会推荐的教学质量学生满意度调查系统或自行编制调查问卷,但问卷内容须包括课程学习环境(教室多媒体设备、计算机室计算机性能、语音室座位与设备性能、图书馆等)、课程学习体验(教师教学能力、教材、课堂管理、布置与批改作业、课后辅导、教学效果、课程考核评价方式、课程设置合理性等)、技能训练过程(校内实验实训、校外顶岗实习等)、学校管理与沟通(教学管理、学生管理等)、受关注程度(社团活动、体育设备及设施与场地、获取学习资料的途径与难易度、校园网络、反映教学问题的渠道与处理效果等)、学习成果(专业兴趣、学习行为、职业岗位能力、职业社会能力、就业信心等)6项指标和26个观测点。

2.4.2 学生招聘竞争力(Student Competitiveness in Job Market)

以问卷形式进行服务对象用人单位的满意度调查,获得对专业人才培养质量评价的评分。可采用专业评价委员会推荐的用人单位(雇主)满意度调查系统或自行编制调查问卷,但问卷内容须包含薪酬、学习情况或职业资格证书、专业实习或在校兼职经历、个人应聘表现或工作价值观4项指标。

2.4.3 学生岗位表现竞争力(Student Job Performance Competitiveness)

以问卷形式进行服务对象用人单位的满意度调查,获得对专业评价的评分。可采用专业评价委员会推荐的用人单位(雇主)满意度调查系统或自行编制调查问卷,但问卷内容须包含服从管理、敬业勤奋、诚实守信、专业知识与技能、解决问题、工作效率与业绩、沟通能力与团队协作能力、承压与情绪管理能力、组织能力、创新创业能力10项指标。

2.5 技能竞赛或创新创业大赛、标志性成果等

2.5.1 国家级(含行业协会)及以上奖项(Award of National Level Including Industry Associations and Above)

2.5.2 省级(含行业协会)奖项(Award of Provincial Level Including Industry Associations)

2.5.3 市级(含行业协会)及以下奖项(Award of Municipal Level Including Industry Associations and Bellow)

2.5.4 进入孵化的创业项目(Entrepreneurship Programs Entered into Incubation)

第三部分 “自我诊断+企业参与”专业评价程序与方法

1 申请评价与资格审核

1.1 申请条件

申请学校须符合下列基本条件:

(1)申请“自我诊断+企业参与”专业评价(以下简称诊断评价)的单位须是教育部批准设立的高等职业院校;

(2)申请诊断评价的学校从申请日起往前推算必须有连续3届或以上的专业毕业生;

(3)申请诊断评价的专业须已试点现代学徒制2年以上且具备教育部规定的专业办学基本条件,包括专业教学团队基本师资配备、校内外实训实习基地配备、图书及数字化学习资源的配备等(具体指标参见《高等职业学校专业教学标准(试行)》中相应工科大类。

1.2 申请时间

诊断评价专业的申请工作每年进行一次,申请诊断评价的学校应在当年8月10日前向专业评价委员会申请。

1.3　提交申请书

专业评价委员会收到学校申请书后,应在当年9月30日前完成申请学校的资格审核工作,即申请诊断评价的学校和专业是否符合申请条件,做出资格审核结论。

(1)受理申请。

(2)不予受理。由于申请学校尚不具备申请评价的基本条件,专业评价委员会不予受理申请,并通知学校不予受理的理由。

2　基本材料及形式审核

2.1　提交基本材料

受理申请的学校在当年10月30日前向专业评价委员会提交基本材料,基本材料包括:

(1)专业发展规划;

(2)专业基本状态表(见表2-31);

表2-31　专业基本状态表

专业名称		专业代码	
专业设置时间		全日制高职首次招生时间	
专业人才培养目标和面向的岗位群	按《人才培养方案》		
对应产业类型	□第一产业 □第二产业 □第三产业		
对接的优先发展领域(单选)	□汽车□建材□石化□高分子材料□精细化工□造纸□纺织□食品□金融服务□现代物流□商务服务□服务外包□高技术服务□养老及家庭服务□艺术设计与文化创意□影视制作与出版发行□民族传统工艺与非物质文化遗产□城乡发展□社会管理与社区服务□基层文化建设□高端新型电子信息产业□生物产业□新能源产业□新材料产业□节能环保产业□海洋产业		
专业建设概况和特色			
专业质量保证体系概况和运行效果(结合人才培养各环节及专业管理过程中的质量监控点)	建议:可从建立专业教学质量保障机制,建立市场调查制度和基于信息平台的毕业生跟踪调查,进行专业人才培养方案的动态调整,开展主题教研活动,进行学生学情和就业分析等方面概述		
专业历史	□“十一五”省级高职教育示范性专业(不含示范性建设专业),立项文号:______ □“十二五”省级高职教育重点专业(不含重点培育专业),立项文号:______ □教育部专业教学资源库建设项目所在专业(须为牵头院校),立项文号:______ □中央财政支持提升专业服务产业能力项目建设专业,立项文号:______ □______类品牌专业,立项文号:______		
专业现况	□在省内同类专业中具有显著优势,综合实力校内排名前10%且是学校重点建设专业 □社会认可度高(□高考招生位居本校前列　□毕业生就业位居本校前列) □其他		
专业主要创新创业教育概况	□教学内容注重培养学生的批判性和创造性思维 □聘请行业优秀人才,为专业课、创新创业课授课,启发创新创业灵感 □其他		

续表

<table>
<tr><td>专业国（境）际交流与合作情况</td><td colspan="5">□国（境）外合作办学项目：________（项）
□教师参与国（境）外培训：________（人·天）
□接受国（境）外教师培训：________（人·天）
□学生国（境）外实习情况：________（人·天）
□国（境）外留学生人数：________（人）
□其他</td></tr>
<tr><td colspan="6">本专业近三年获市级及以上质量工程与人才培养有关荣誉、奖励、立项建设情况（不计校级）</td></tr>
<tr><td>类别</td><td>年份</td><td>项目名称</td><td>项目负责人或第一完成人</td><td>授予部门</td><td>立项文件名称、文号</td></tr>
<tr><td>教学成果奖</td><td></td><td></td><td></td><td></td><td></td></tr>
<tr><td>教学名师与教学团队</td><td></td><td></td><td></td><td></td><td></td></tr>
<tr><td>课程与教材</td><td></td><td></td><td></td><td></td><td></td></tr>
<tr><td rowspan="2">实训基地与资源库</td><td></td><td></td><td></td><td></td><td></td></tr>
<tr><td></td><td></td><td></td><td></td><td></td></tr>
<tr><td rowspan="2">教学改革项目</td><td></td><td></td><td></td><td></td><td></td></tr>
<tr><td></td><td></td><td></td><td></td><td></td></tr>
<tr><td rowspan="2">教师教学能力大赛</td><td></td><td></td><td></td><td></td><td></td></tr>
<tr><td></td><td></td><td></td><td></td><td></td></tr>
<tr><td rowspan="2">技能竞赛</td><td></td><td></td><td></td><td></td><td></td></tr>
<tr><td></td><td></td><td></td><td></td><td></td></tr>
<tr><td rowspan="2">创新创业大赛</td><td></td><td></td><td></td><td></td><td></td></tr>
<tr><td></td><td></td><td></td><td></td><td></td></tr>
<tr><td rowspan="2">其他（科研及社会服务等）</td><td></td><td></td><td></td><td></td><td></td></tr>
<tr><td></td><td></td><td></td><td></td><td></td></tr>
<tr><td colspan="6">专业核心课程对本专业培养目标的支持矩阵图</td></tr>
<tr><td rowspan="2">专业核心课程名称</td><td colspan="5">专业人才培养目标[①]</td></tr>
<tr><td>目标 1</td><td>目标 2</td><td>目标 3</td><td>目标 4</td><td>……</td></tr>
<tr><td></td><td></td><td></td><td></td><td></td><td></td></tr>
<tr><td></td><td></td><td></td><td></td><td></td><td></td></tr>
<tr><td></td><td></td><td></td><td></td><td></td><td></td></tr>
<tr><td colspan="6">备注：</td></tr>
<tr><td>现有实训设备总值/台套（万元/台套）</td><td colspan="2">/</td><td colspan="2">其中大型实训仪器设备总值台套（万元/台套）[②]</td><td>/</td></tr>
<tr><td colspan="6">仪器设备生均值满足教育部仪器设备生均值要求：□是　　□否。
仪器设备满足学生职业能力实训需求：□是　　□否</td></tr>
<tr><td>近一年专任专业教师数</td><td colspan="2">______人[③]
□未达成；□达成</td><td colspan="2">近一年双师素质/高级职称专任专业教师比例（　%/　%）</td><td>/</td></tr>
</table>

续表

全日制普通高职在校生人数		________人 □未达成;□达成	其中“订单”培养人数(人)	
全日制普通高职招生就业近三年相关数据		20____年	20____年	20____年
招生人数(人)	现代学徒制			
	普通高中招生			
	“三校生”对口招生			
	“3+2”招生			
	五年一贯制第4学年			
	其他			
	合计			
新生报到数/录取数(报到率)		/ (%)	/ (%)	/ (%)
应届毕业生就业去向及人数(人)	就业			
	升学			
	创业			
	合计			
应届毕业生初次就业率		%	%	%
应届毕业生初次就业对口率		%	%	%
应届毕业生初次就业平均起薪线		元/生	元/生	元/生
应届毕业生在本省市就业比例		%	%	%
合作建立实训基地的主要企业名称		企业1:	企业2:	企业3:
合作起始时间				
合作企业承担教学任务形式				
20____年合作企业接收顶岗实习学生数(人)				
20____年合作企业接收就业学生数(人)				
20____年合作企业支持兼职教师(人)				

续表

产学合作总体情况[4]（近三年）	20__年	20__年	20__年
产学合作企业总数	个	个	个
产学合作企业接收顶岗实习学生数/占顶岗实习学生总数的比例	人/ %	人/ %	人/ %
产学合作企业接收就业学生/占毕业生比例	人/ %	人/ %	人/ %
产学合作企业支持专业兼职教师数/占兼职教师总数的比例	人/ %	人/ %	人/ %
专业与产学合作企业共同开发课程数/共同开发教材数	门/种	门/种	门/种
专业为产学合作企业技术服务年收入/生均值	万元/ 元/生	万元/ 元/生	万元/ 元/生
为企业年培训员工	人/ 天	人/ 天	人/ 天
产学合作特色说明			

注：①目标1、目标2等为"专业人才培养目标"的子目标，每个子目标的具体描述写在备注栏。每门核心课程对应至少1个子目标。

②单价≥5万元的仪器设备。

③请比对"专业发展规划"中对应的关键目标值，依据其达成度填写"□达成"或"□未达成"，如"全日制普通高职在校生人数"栏目中填写"300人；□未达成"所示。

④本部分数据应与相关学年数据平台产学合作表数据一致。

（3）课程合理（符合）性反思确认表（见表2-32）。

表2-32 课程合理（符合）性反思确认表

序号	合理性确认的主要项目	确认内容	合理性确认	如果不合理（符合），改进的措施
1	课程名称、编号、类别、学时和学分多少？有无子课程？	①课程类别、学时、学分、是否合理？	□合理 □不合理	
		②不设子课程是否合理？	□合理 □不合理	
		说明：		
2	主讲教师具备足够的资质吗？	①授课教师的资质和上岗证符合教育部有关规定吗？	□符合 □不符合	
		②授课教师的资质和上岗证符合学校有关规定吗？	□符合 □不符合	
		说明：		

续表

序号	合理性确认的主要项目	确认内容	合理性确认	如果不合理(符合),改进的措施
3	是否有高水平企业兼职教师参与此课程实施?	①聘请高水平企业兼职教师参与此课程是否合理?	□合理 □不合理	
		②是否符合企业兼职教师参与此课程实施的规定?	□符合 □不符合	
		说明:		
4	课程标准、授课计划、教案完整吗?课程标准中涉及与行业企业岗位对接的内容吗?	①课程标准符合教研室、院系审核标准吗?	□符合 □不符合	
		②授课计划符合学校教学日历安排吗?	□符合 □不符合	
		③教案符合具备完整授课记录的要求吗?	□符合 □不符合	
		④课程标准涉及岗位对接内容吗?	□符合 □不符合	
		说明:		
5	课程的教学目标明确、合理吗?	①教学目标符合教研室、院系的审核标准吗?	□符合 □不符合	
		②教学目标具体、明确、易测量、合理吗?	□合理 □不合理	
		说明:		
6	教学目标是否与一个或多个毕业要求指标点相关联?	①要求教学目标与毕业要求指标点相关联是否合理?	□合理 □不合理	
		②教学目标符合与毕业要求指标点相关联的要求吗?	□符合 □不符合	
		说明:		
7	各项教学目标是如何实现和达成的?	①要求教学目标与毕业要求指标点相关联是否合理?	□符合 □不符合	
		②是否符合对学生进行形成性评价的要求?	□符合 □不符合	
		③教学过程是否符合质量控制措施的要求?	□符合 □不符合	
		④所有教学过程相关文件是否符合归档要求?	□符合 □不符合	
		说明:		
8	依据什么来评价教学目标、教学效果的达成?	①教学效果依据学生的总结性评价是否合理?	□合理 □不合理	
		②是否符合对考试成绩进行现状分析和历史趋势分析并形成书面报告及最后存档的要求?	□符合 □不符合	
		说明:		

续表

序号	合理性确认的主要项目	确认内容	合理性确认	如果不合理(符合),改进的措施
9	考题是否能够真正考核教学目标的实现和教学效果?	①试题覆盖课程所有教学目标,并与之相关联吗?	□符合 □不符合	
		②试题难度适当,无偏题、怪题吗?	□符合 □不符合	
		③期末试卷经过教研室、院系审核、批准吗?	□符合 □不符合	
		④平时成绩占到30%~50%吗?	□符合 □不符合	
		说明:		
10	考试结果合理吗?	①课程教学团队对考试结果可靠性和合理性进行分析了吗?	□符合 □不符合	
		②课程教学团队对考试的难度是否适中进行审核了吗?	□符合 □不符合	
		③试题内容覆盖课程标准的要求,并与教学目标挂钩了吗?	□符合 □不符合	
		④课程教学团队认真分析考试成绩,找出问题,改进教学质量了吗?	□符合 □不符合	
		说明:		
11	课程是否提供线上学习资源并获得合理使用了吗?	①课程是否提供线上学习资源?	□符合 □不符合	
		②课程的线上学习资源在课程实施环节中是否被合理地使用?	□合理 □不合理	
合理(符合)性确认结论		□合理(符合) □不合理(不符合)	说明:30项,至少有20项被确认为合理(符合)	
合理(符合)性确认执行人		签名:	日期:	
合理(符合)性确认执行人的建议		建议:		

说明:执行人对确认为不合理(符合)项目进行分析,并落实改进措施和时间表。

2.2 形式审核基本材料

专业评价委员会收到基本材料后,于当年11月至12月对基本材料进行形式审核,并于次年1月15日前给出形式审核结论。

(1)基本材料完备,通过基本材料形式审核。

(2)基本材料不完备,申请学校须根据形式审核意见半月内补齐。

3 专业自我诊断

3.1 开展满意度调查

形式审核通过的学校在专业评价委员会指导下开展“教学质量学生满意度调查”和“用人单位满意度调查”。

3.2 专业自我诊断

基于满意度调查数据,按照“专业诊断评价标准”开展专业自我诊断,并在次年3月

15日前完成“专业自我诊断表”（见表2-33），并将专业自我诊断表和评分依据的佐证材料，及能体现专业建设成效的佐证材料和支撑材料，如专业基本状态表中涉及佐证材料和具有特色的人才培养方案、面向岗位群核心能力培养的课程标准、工学结合的讲义、典型教案或PPT、优秀的学生毕业设计或论文等支撑材料提交专业评价委员会。

表2-33 专业自我诊断表

<table>
<tr><td colspan="2">学校名称</td><td></td><td>专业名称/代码</td><td></td></tr>
<tr><td colspan="2">专业负责人</td><td></td><td>职称/电话</td><td></td></tr>
<tr><td rowspan="22">诊断结果与分析</td><td colspan="4">评价结果：□不通过 □通过 其中：小计1= ；小计2=</td></tr>
<tr><td>一级指标</td><td>二级指标及目标值</td><td>评价分值</td><td>分析与建议</td></tr>
<tr><td rowspan="4">1. 专业目标与教学过程（25分）</td><td>1.1 培养目标及专业核心能力（5分）</td><td></td><td rowspan="4"></td></tr>
<tr><td>1.2 教学计划及课程实施（8分）</td><td></td></tr>
<tr><td>1.3 实践环节及创新能力培养（6分）</td><td></td></tr>
<tr><td>1.4 教学过程管理（6分）</td><td></td></tr>
<tr><td rowspan="3">2. 师资队伍（25分）</td><td>2.1 教师结构（10分）</td><td></td><td rowspan="3"></td></tr>
<tr><td>2.2 教师教改能力（5分）</td><td></td></tr>
<tr><td>2.2 教师授课质量（10分）</td><td></td></tr>
<tr><td rowspan="3">3. 招生、学习与就业（10分）</td><td>3.1 学生入口（4分）</td><td></td><td rowspan="3"></td></tr>
<tr><td>3.2 学生学习（2分）</td><td></td></tr>
<tr><td>3.3 学生出口（4分）</td><td></td></tr>
<tr><td rowspan="3">4. 服务对象满意度（40分）</td><td>4.1 学生在校学习体验（12分）</td><td></td><td rowspan="3"></td></tr>
<tr><td>4.2 学生招聘竞争力（8分）</td><td></td></tr>
<tr><td>4.3 学生岗位表现竞争力（20分）</td><td></td></tr>
<tr><td colspan="4">小计1</td></tr>
<tr><td rowspan="4">5. 技能竞赛、创新创业大赛、进入孵化的创业项目（加分项）</td><td>5.1 国家级及以上奖项</td><td></td><td rowspan="4"></td></tr>
<tr><td>5.2 省级奖项</td><td></td></tr>
<tr><td>5.3 市级及以下奖项</td><td></td></tr>
<tr><td>5.4 进入孵化的创业项目</td><td></td></tr>
<tr><td colspan="4">小计2</td></tr>
<tr><td colspan="4">存在核心问题与改进设想：（※ 以近三学年数据结果为依据进行分析）

专业负责人签字： 自我诊断日期：</td></tr>
</table>

说明：
1. 评价结果按评分标准分为以下两类。
（1）“通过”：“小计1”≥75分，且“小计2”≥5分。
（2）“不通过”：“小计1”<75分。
2. 结合“专业基本状态表”中“未达成”的目标形成存在的核心问题及改进设想。

4 企业参与网上评价与实地考查

4.1 组建企业专家组

专业评价委员会组建企业专家组,不少于5人。企业专家组成员须满足以下条件:

(1)具有高级职称并从事相关专业岗位10年以上;

(2)在相应行业领域有一定的声誉,参与过学校专业建设或对申请诊断评价的专业建设有见解;

(3)实事求是,客观公正,并有较强的工作能力和组织能力。

企业专家组成员在参与评价前,须参加专业评价委员会组织的培训。

4.2 网上评价

专业评价委员会组织企业专家组网上评价,企业专家组依据申请学校提交的专业基本状态表(见表2-31)、课程合理(符合)性反思确认表(附表2-32)及所有佐证材料和支撑材料,初步完成"企业专家评价意见表"(表2-34)。

4.3 实地考查

专业评价委员会组织企业专家组对学校进行为期1天的实地考查。企业专家组结合网上评价时的不确定性或疑问进行实地考查,如对一年级学生增加报考志愿的了解以确定"吸引生源措施的有效性"指标的评分,或进校查阅专业教研室教研活动记录内容以确定"周期开展专业建设教研活动的有效性"指标的评分等。通过实地考查企业专家完善"企业专家评价意见表",并将表格提交专业评价委员会。

5 专业改进反馈会

专业评价委员会组织召开专业改进反馈会。所有被评价学校及专业团队负责人和企业专家参加反馈会。专业团队结合反馈意见,认真组织学习并消化吸收,在教师、课程、学生等层面深入研究,制定针对性改进措施,完成"专业改进实施进程表"(表2-35)并将表格提交专业评价委员会。

6 颁发证书

对专业评价结论为"通过"的专业由相应行业职业教育教学指导委员会或全国现代学徒制工作专家指导委员会颁发证书。

7 评价程序进程表及框图

7.1 评价工作进程表

评价工作进程表,见表2-36。

7.2 评价程序框图

评价组织程序框图,见图2-1(说明:图中评委会指专业评价委员会)。

表 2-34　企业专家评价意见表

<table>
<tr><td>专业名称</td><td colspan="2"></td><td>专家姓名</td><td></td></tr>
<tr><td>工作单位</td><td colspan="2"></td><td>职称/职务</td><td></td></tr>
<tr><td rowspan="22">诊断结果与分析</td><td colspan="4">评价结果:☐不通过　☐通过　其中:小计 1= ;　小计 2=</td></tr>
<tr><td>一级指标</td><td>二级指标及目标值</td><td>评价分值</td><td>分析与建议</td></tr>
<tr><td rowspan="4">1. 专业目标与教学过程(25 分)</td><td>1.1　培养目标及专业核心能力(5 分)</td><td></td><td rowspan="4"></td></tr>
<tr><td>1.2　教学计划及课程实施(8 分)</td><td></td></tr>
<tr><td>1.3　实践环节及创新能力培养(6 分)</td><td></td></tr>
<tr><td>1.4　教学过程管理(6 分)</td><td></td></tr>
<tr><td rowspan="3">2. 师资队伍(25 分)</td><td>2.1　教师结构(10 分)</td><td></td><td rowspan="3"></td></tr>
<tr><td>2.2　教师教改能力(5 分)</td><td></td></tr>
<tr><td>2.2　教师授课质量(10 分)</td><td></td></tr>
<tr><td rowspan="3">3. 招生、学习与就业(10 分)</td><td>3.1　学生入口(4 分)</td><td></td><td rowspan="3"></td></tr>
<tr><td>3.2　学生学习(2 分)</td><td></td></tr>
<tr><td>3.3　学生出口(4 分)</td><td></td></tr>
<tr><td rowspan="3">4. 服务对象满意度(40 分)</td><td>4.1　学生在校学习体验(12 分)</td><td></td><td rowspan="3"></td></tr>
<tr><td>4.2　学生招聘竞争力(8 分)</td><td></td></tr>
<tr><td>4.3　学生岗位表现竞争力(20 分)</td><td></td></tr>
<tr><td colspan="4">小计 1</td></tr>
<tr><td rowspan="4">5. 技能竞赛、创新创业大赛、进入孵化的创业项目(加分项)</td><td>5.1　国家级及以上奖项</td><td></td><td rowspan="4"></td></tr>
<tr><td>5.2　省级奖项</td><td></td></tr>
<tr><td>5.3　市级及以下奖项</td><td></td></tr>
<tr><td>5.4　进入孵化的创业项目</td><td></td></tr>
<tr><td colspan="4">小计 2</td></tr>
<tr><td colspan="4">存在核心问题与建议:

专家签字:　　　　　　　　　　　　　　　　　　评价日期:</td></tr>
</table>

说明:评价结果按评分标准分为以下两类。

(1)“通过”:“小计 1”≥75 分,且“小计 2”≥5 分。

(2)“不通过”:“小计 1”<75 分。

表 2-35 专业改进实施进程表

学校名称		专业名称/代码	
专业负责人		职称/电话	

<table>
<tr><td rowspan="20">诊断结果
与分析</td><td colspan="4">本次诊断评价结果：
□不通过 □通过 其中：小计 1= ； 小计 2=</td></tr>
<tr><td colspan="4">下次诊断评价目标：
□通过 其中：小计 1= ； 小计 2=</td></tr>
<tr><td>一级指标</td><td>二级指标及目标值</td><td>评价
分值</td><td>分析与
建议</td></tr>
<tr><td rowspan="4">1. 专业目标与教学过程
（25 分）</td><td>1.1 培养目标及专业核心能力（5 分）</td><td></td><td rowspan="4"></td></tr>
<tr><td>1.2 教学计划及课程实施（8 分）</td><td></td></tr>
<tr><td>1.3 实践环节及创新能力培养（6 分）</td><td></td></tr>
<tr><td>1.4 教学过程管理（6 分）</td><td></td></tr>
<tr><td rowspan="3">2. 师资队伍
（25 分）</td><td>2.1 教师结构（10 分）</td><td></td><td rowspan="3"></td></tr>
<tr><td>2.2 教师教改能力（5 分）</td><td></td></tr>
<tr><td>2.2 教师授课质量（10 分）</td><td></td></tr>
<tr><td rowspan="3">3. 招生、学习与就业
（10 分）</td><td>3.1 学生入口（4 分）</td><td></td><td rowspan="3"></td></tr>
<tr><td>3.2 学生学习（2 分）</td><td></td></tr>
<tr><td>3.3 学生出口（4 分）</td><td></td></tr>
<tr><td rowspan="3">4. 服务对象
满意度
（40 分）</td><td>4.1 学生在校学习体验（12 分）</td><td></td><td rowspan="3"></td></tr>
<tr><td>4.2 学生招聘竞争力（8 分）</td><td></td></tr>
<tr><td>4.3 学生岗位表现竞争力（20 分）</td><td></td></tr>
<tr><td colspan="4">小计 1</td></tr>
<tr><td rowspan="4">5. 技能竞赛、创新创业大赛、进入孵化的创业项目
（加分项）</td><td>5.1 国家级及以上奖项</td><td></td><td rowspan="4"></td></tr>
<tr><td>5.2 省级奖项</td><td></td></tr>
<tr><td>5.3 市级及以下奖项</td><td></td></tr>
<tr><td></td><td>5.4 进入孵化的创业项目</td><td></td><td></td></tr>
<tr><td></td><td colspan="4">小计 2</td></tr>
<tr><td></td><td colspan="4">1. 改进方案实施分析（※ 根据目标值与评价现状偏差，结合实际情况，分析实施改进措施进程的难点 1~3 个）

2. 年度改进实施计划

专业负责人签字： 制订日期：</td></tr>
</table>

表 2-36　评价工作进程表

时间	专业评价委员会	申请评价学校
8 月		8 月 10 日前向专业评价委员会递交专业评价申请
9 月	审核申请并做出资格审核决定，9 月 30 日前将审核决定通知学校	
10 月		10 月 30 日前向专业评价委员会提交基本材料，包括：专业发展规划、“专业基本状态表”“课程合理（符合）性反思确认表”
11 月至次年 1 月	形式审核基本材料；1 月 15 日前做出形式审核结论	材料不完备的学校需要提供补充材料
次年 3 月	3 月 15 日前通知通过形式审核学校开展专业自我诊断	按要求开展满意度调查、专业自我诊断，1 个月内提交“专业自我诊断表”及体现专业建设成效的佐证材料与支撑材料
次年 4 月	组建企业专家组，组织企业专家网上评价，初步完成“专家评价意见表”；确定实地考查进校时间，并于 5 月 1 日前通知学校	
次年 5 月	组织企业专家组拟定实地考查计划，并于进校前一周通知学校。专家组结合实地考查情况，完善“专家评价意见表”，并将表格提交专业评价委员会	配合企业专家组工作
次年 7 月	7 月 10 日前组织召开专业改进反馈会，并提前一周通知学校会议时间及地点	派人参加专业改进反馈会，并完成“专业改进实施进程表”
评价结束	对评价结论为“通过”的专业由相应行业职业教育教学指导委员会颁发证书	“通过”的专业获得证书

第四部分　“自我诊断+企业参与”专业评价学校工作指南

1　申请与审核

1.1　申请条件

申请学校须符合的基本条件详见《“自我诊断+企业参与”专业评价程序与方法》（以下简称《评价程序与方法》）。其中所要求的“已有连续 3 届或以上的毕业生”，是指按专业培养和毕业的届数；中间如中断招生，则从恢复后算起；按申请当年度 9 月算起已连续招收了 6 届学生。

1.2　申请程序

申请学校填写“‘自我诊断+企业参与’专业评价申请书”，加盖学校公章，并于申请年度 8 月 10 日前将申请书一份邮寄至专业评价委员会，同时将电子版发至指定邮箱。如申请获得资格审核通过，专业评价委员会将于 9 月 30 日前向申请学校发出提交基本材料（包括：专业发展规划、专业基本状态表、课程合理（符合）性反思确认表）的通知，并于当年 11~12 月进行形式审核基本材料。在形式审核过程中，若发现学校提供的基本材料不完备，专业评价委员会将通知学校，并要求在通知发出后的半个月内补齐材料。形式审核通过的申请学校进入自我诊断阶段，撰写专业自我诊断表（表 2-34）并按工作要求和时间节点及时上报专业

评价委员会。（注：上报材料可参考试点样板空间网址：http://www.gdqy.edu.cn/）

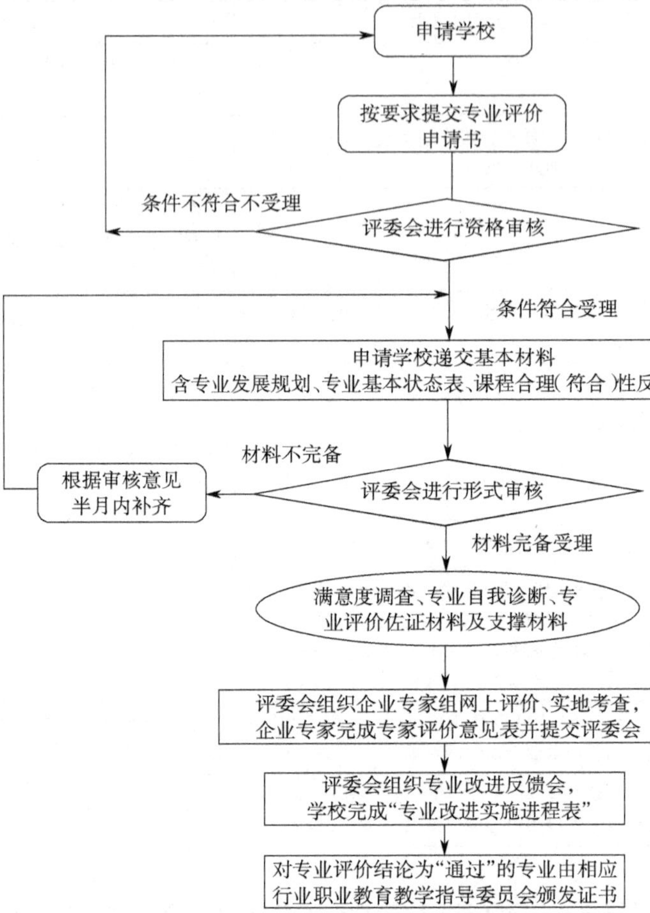

图 2-1　评价组织程序框图

2　专业自我诊断

自我诊断过程是一次对专业教学现状的全面摸底、对教学管理制度的全面梳理、对教学问题的全面排查、对办学经验的全面总结、对专业培养质量的系统评价，需要在学校的组织下有计划地进行。学校要在专业评价委员会的指导下开展满意度调查，并在此基础上进行专业自我诊断。专业评价委员会不提倡影响正常教学秩序的突击性评价准备，反对任何档案材料的修改、更换、增补等行为。

2.1　自我诊断评价原则

学校在专业自我诊断过程中要坚持履行专业评价委员会要求的专业评价“四原则”。

（1）客观评价与主观评价相结合，以客观评价为主。学校专业团队以对专业发展高度负责的态度，依据专业基本状态和评价标准，认真排查短板。

（2）学生学习评价与教师教学评价相结合，以学生学习评价为主。将学生在校学习体验和雇主用人过程体验（学生招聘竞争力、岗位表现竞争力）作为评价重点，诊断专业人才培养质量成效，提出改进建议。

(3)数据分析与专家经验相结合,以数据分析为主。自我诊断时学校专业团队填报的状态数据以及提供的佐证材料和支撑材料都应是专业建设过程中的原始真实数据或素材(纸质版或电子版)。评价主体基于对专业现有办学状态数据的分析,辅以学生、雇主等满意度调查及对调查数据重要性的经验判断,进行综合评价。

(4)服务决策与注重实效相结合,以服务决策为主。通过评价形成的"自我诊断"结果,主要用于专业团队反思专业办学中的短板以及问题,并确定改进核心领域,制订持续改进方案,让评价结果最终为提升专业人才培养质量服务。

2.2　自我诊断过程

(1)制订计划。制订自我诊断的工作计划宜对照《"自我诊断+企业参与"专业评价程序与方法》中的"评价工作进程表"(表 2-36)及"专业诊断评价标准"(表 2-30)中的评价指标和观测点进行。因有些诊断指标数据来自调查问卷的统计结果,故计划一定要安排"满意度调查"(调查问卷可使用专业评价委员会推荐的"教学质量学生满意度调查系统""用人单位满意度调查系统")。按照《评价工作进程表》中的时间节点将任务分解、落实到人,包括学校牵头人、专业责任人和专业团队成员,必要时可到已通过评价的同类院校学习。

(2)学习动员。一定要让自我诊断专业的全体专业团队老师、学生、管理人员了解专业自我诊断的目的、意义、标准和持续改进的办法,从而主动地投入专业自我诊断工作。

(3)分工检查。对照"专业诊断评价标准",对分解后的各个项目逐项检查。

(4)问题分析。由于存在一因多果和一果多因的情况,需要将检查发现的问题进行汇总,以查找出真正的原因。

(5)自我改进。问题原因找到后便可以进行自我改进。有些问题可以立即纠正和弥补,如已有规定没有得到有效执行;有些问题则需要制订长期的自我改进计划,逐步完善。

2.3　自我诊断评价表的填报

学校应对照"专业诊断评价标准",并结合"满意度调查"结果填报"专业自我诊断表"(表 2-33)。专业自我诊断表中所给出的评价分值应配有翔实的佐证资料,以供核查。

2.4　自诊断评价表的提交

学校应在次年 3 月 15 日前将"专业自我诊断表"的电子版提交专业评价委员会,并将加盖学校公章的纸质版一份邮寄到专业评价委员会。

3　企业参与网上评价与实地考查

当专业评价委员会组织企业专家组对申请学校进行网上评价和实地考查时,学校应配合专业评价委员会做好"企业参与"的评价工作。

3.1　网上评价与实地考查条件准备

(1)网上评价期间,学校应保障学校网络资源管理系统通畅。

(2)实地考查期间,学校应为企业专家组准备专用工作(会议)室,配备电脑和打印机,室内应备有供考查组专家阅读的有关教学和教学管理资料,并安排工作人员协助查找学生学习档案。

(3)准备好提交审核的基本材料,包括:专业发展规划、"专业基本状态表"(表 2-31)、"课程合理(符合)性反思确认表"(表 2-32)、能体现专业建设成效的佐证材料和支撑材料(如专业基本状态表中涉及成果的佐证材料和具有特色的人才培养方案、面向岗位群核心能力培养的课程标准、工学结合的讲义、典型教案或PPT、优秀的学生毕业设计或论文等支撑材料)。

(4)准备好被评价专业教职人员名单，包括专业负责人、专业课教师、实验课指导教师、专业基础课教师、教学管理人员和学生管理人员；学生名单包括各年级在校生和往届毕业生(应包含毕业3年及以上的学生)；提供考查期间各年级的学生课表，供专家抽取。

(5)查看教学设施时应保证工作人员在岗，并介绍情况和接受询问。

3.2 注意事项

(1)不安排与考查无关的活动；

(2)专家组用餐不安排人员陪同，创造专家组成员自由交流考查意见的环境；

(3)会晤教师、学生代表时，其他人员应回避，以提供畅所欲言的条件；

(4)观摩教学时，教学内容应是按正常教学进度的内容，不应是专门安排的内容。

4 专业评价改进反馈会

学校按要求选派专业负责人和专业团队主要成员，参加专业评价委员会组织召开的“专业评价改进反馈会”，针对企业专家提出的问题，以及企业专家完成的“企业专家评价意见表”(表2-34)中提到的“存在核心问题与建议”，制定被评专业的持续改进措施，并向专业评价委员会提交“专业改进实施进程表”(表2-35)。

5 颁发证书

对专业评价结论为“通过”的专业由相应行业职业教育教学指导委员会或全国现代学徒制工作专家指导委员会颁发证书。

第五部分 “自我诊断+企业参与”专业评价专家工作指南

本指南是指导专业评价专家工作的重要文件，同时也供被评价学校进行专业评价工作准备、自我诊断和配合实地考查工作时参考。

1 企业专家组职责

1.1 企业专家组成员职责

企业专家组成员由专业评价委员会聘任，组长由专业评价委员会任命。小组成员有以下职责：

(1)遵守工作指南中的各项规定和要求；

(2)认真学习有关评价文件，理解专业评价委员会对专业评价工作的要求，依据“专业诊断评价标准”(表2-30)，对照“专业基本状况表”(表2-31)及佐证材料完成网上评价；

(3)实地考查过程中应详细取证，完善网上评价初步形成的“企业专家评价意见表”(表2-34)。

1.2 企业专家组组长职责

(1)企业专家组组长直接对专业评价委员会负责。

(2)要善于团结，充分发挥每个成员的积极性和主动性，并注意协调和被评价学校的关系。

(3)召集企业专家组会议，组织学习有关文件、讨论审阅意见、确定实地考查重点、制订实地考查工作计划，并通过专业评价委员会秘书处与被评价学校取得联系。

(4)实地考查工作结束时，组织成员讨论、研究，对“企业专家评价意见表”的真实性、科学性和文字的准确性负责,并呈送专业评价委员会。

1.3　企业专家组成员守则

(1)企业专家组成员要公正、正直、独立思考、秉公办事。在实地考查工作中应注意区分不同场合,积极表达个人见解和意见,但不得随意发表与评价工作相悖的个人观点和意见。

(2)企业专家组成员应充分理解评价工作是建设性的,不是惩罚性的,不得利用评价工作干预学校的内部事务。

(3)不允许接受学校的礼品、礼金和特殊服务,不做可能影响专业评价工作信誉的任何事情,更不允许利用成员身份牟取私利。

2　企业参与网上评价

企业专家组网上评价是“企业参与”对申请评价专业满足“专业诊断评价标准”程度的初步评价,它是整个评价过程中评价质量控制的重要环节。

企业专家组依据“专业诊断评价标准”,评审申请学校提交的“专业基本状态表”“课程合理(符合)性反思确认表”及专业发展规划进行初步评价,完成“企业专家评价意见表”。评价要点如下。

2.1　专业目标与教学过程

2.1.1　培养目标及专业核心能力

(1)培养目标一致性。关注专业人才培养方案中确定的培养目标是否与行业企业或社会需求的人才目标相一致。

(2)职业素质吻合性。专业人才培养方案中对学生职业素质的要求是否与学生未来主要从事的行业企业工作中所需员工的实际职业素质相吻合,以及专业在培养环节安排和校园环境营造中的体现程度。

(3)专业核心能力符合性。专业人才培养方案中所要求的在专业领域应具备的专业核心能力是否符合行业、企业工作中对专业核心能力的要求。

2.1.2　教学计划及课程实施

(1)联合制订教学计划的有效性。课程安排是否具有逻辑性、系统性,能否体现现代学徒制工科教育的特点,符合专业培养目标。

(2)联合开发遴选教材的时效性。是否将企业典型工作过程、典型项目案例等纳入活页式教材,是否选用了能与行业、企业实际需要对接的实用性教材。

(3)专业核心课程设置对核心能力培养的支持度。专业核心课程设置是否符合行业、企业对人才规格要求,是否对核心能力培养有支撑。是否能做到专业与产业对接、课程内容与职业标准对接、教学过程与生产过程对接、学历证书与职业资格证书对接、职业教育与终身教育对接。

(4)考核方式对岗位核心能力培养的支持度。考核方式是否能体现出对核心能力培养的支撑,是否符合课程特点,是否形式多样,如笔试+任务考核+业绩考核等。

2.1.3　实践环节及创新能力培养

(1)联合开发的实训资源对学生实训的支持度。是否联合开发过实训资源,开发的资源是否对学生的核心能力培养有支撑。

（2）实践环节对核心能力培养的支持度。是否配备足够的、具有实践经验的指导教师，实践内容、实践方法对核心能力培养是否有支撑。

（3）培养创新能力方法和措施的有效性。在本专业整个教学和管理的相关工作中所贯彻的创新训练方法是否有效，是否有提倡和鼓励学生参加创新实践的相关措施，相关措施是否有效。

2.1.4　教学过程管理

（1）动态调整专业人才培养方案的有效性。是否能根据行业企业对专业人才规格需求的变化、企业现实技术水平、技术发展趋势，或实施过程中发现的问题等及时调整专业人才培养方案；是否有制度或措施保障使动态调整专业人才培养方案的做法有效地促进专业人才培养规格与企业实际需求的对接。

（2）周期开展专业建设教研活动的有效性。是否能根据专业发展规划，聚焦实际问题开展专业建设为主题的教研活动；是否有制度或措施保障周期性开展的教研活动；企业导师参与教研活动≥2次/学期，活动是否有效地促进了本专业的建设。

（3）教学过程质量控制方法的有效性。所采用的方法对教学质量控制是行之有效的，如现代学徒制中师傅的遴选、学徒的管理等。

2.2　师资队伍

2.2.1　教师结构

（1）校企组建“双导师”团队。关注具有行业企业实践经历的专任、兼任教师或双师型教师，“双导师”团队生师比≤5∶1。

（2）企业与学校专业教师比例。关注校企组建的“双导师”团队中，企业师资与专业教师比例是否达到专业诊断评价标准（≥1∶2）。

（3）专业教师高级职称比例。关注具有高级职称的教师比例是否达到专业诊断评价标准（≥35%）。

（4）专业教师企业实践。关注全部专业教师5年内累计全职在企业实践时间是否达到专业诊断评价标准（≥6个月）。

2.2.2　教师教改能力

（1）教法改革典型案例。是否有应用于课堂教学组织实施的教学方法改革，是否有规范的设计框架并形成模式。

（2）教材改革典型案例。是否有与企业联合并基于岗位工作内容开发的教材改革，是否有数字教材或活页讲义。

2.2.3　教师授课质量

依据被评专业所属学校评教系统，获取针对专业团队各个教师的三方评教数据，即学生评教、督导评教和同行评教数据（如系统中只有学生一方评教，则可由学生评教数据代替三方综合分数）。从各个老师的评价分值与专业诊断评价标准相比对中得到该专业的教师授课质量评分。

（1）专业教师授课评价存在学生评教≤75分的，此项得0分。

（2）专业教师授课评价不存在学生评教≤75分的，按以下标准评价：全体专业老师的三方综合评教平均分≥85分，得5分；学生评教平均分≥85分，得2.5分；学生评教≥90分的老师占全体专业老师比≥50%，得 2.5 分；全部满足时得 10 分。

2.3　招生、学习与就业

2.3.1　学生入口

（1）专业是否有吸引优秀生源的制度和措施，相关制度与措施是否有效，能否逐年使生源数量和质量稳定提升。

（2）关注每年专业招生计划录取率和报到率。

2.3.2　学生学习

关注专业课程考试通过率是否达到专业诊断评价标准。

2.3.3　学生出口

（1）关注学生毕业时获得毕业证、英语等级证、计算机等级证、职业技能证四类证书的比例。

（2）关注学生就业岗位或岗位群与所学专业对口率。

（3）关注学生在本省市就业的比例。

（4）关注当年毕业生初次就业率及年底就业率。

2.4　服务对象满意度

2.4.1　学生在校学习体验

通过专业评价委员会推荐的“教学质量学生满意度调查系统”或自行编制调查问卷，以问卷形式进行服务对象学生的满意度调查，获得对专业评价的评分。调查问卷包括课程学习环境、课程学习体验、技能训练过程、学校管理与沟通、受关注程度、学习成果 6 个一级评价指标。

2.4.2　学生招聘竞争力

通过专业评价委员会推荐的“用人单位满意度调查系统”或自行编制调查问卷，以问卷形式进行服务对象用人单位的满意度调查，获得对专业评价的评分。调查问卷包含薪酬、学习情况或职业资格证书、专业实习或在校兼职经历、个人应聘表现或工作价值观 4 项指标。

2.4.3　学生岗位竞争力

通过专业评价委员会推荐的“用人单位满意度调查系统”或自行编制调查问卷，以问卷形式进行服务对象用人单位的满意度调查，获得对专业评价的评分。调查问卷包含服从管理、敬业勤奋、诚实守信、专业知识与技能、解决问题、工作效率与业绩、沟通能力与团队协作能力、承压与情绪管理能力、组织能力、创新创业能力 10 项指标。

2.5　技能竞赛或创新创业大赛、标志性成果等

2.5.1　国家级（包括行业协会）及以上奖项

是否获得相关证书。

2.5.2　省级（包括行业协会）奖项

是否获得相关证书。

2.5.3　市级（包括行业协会）及以下

是否获得相关证书。

2.5.4　孵化的创业项目

是否有进入孵化的创业项目。

3 企业参与实地考查

进校进行实地考察是"企业参与"专业评价的第二个质量控制环节,目的是对佐证材料的真实性和准确性进行实地核查,了解网上评价中未能反映的相关问题,对各项一级指标达到《专业诊断评价标准》的程度做出最终判定,从而对企业专家在网上评价初步完成的"专家评价意见表"进行完善。

3.1 实地考查安排

实地考查工作安排在学期内非节假日时间进行。企业专家组和学校可协商制定出具体日程安排。

3.2 实地考查内容

考查内容详见《"自我诊断+企业参与"专业评价程序与方法》。

企业专家组成员进校之前应厘清自己在网上评价时遇到的不确定评价分值和问题,制订考查工作计划,明确实地考查任务。企业专家组在充分讨论的基础上确定考查重点与考察分工。

3.3 实地考查要点

3.3.1 会晤相关人员

会晤院系主要负责人、专业负责人和学生代表,主要针对专业诊断评价标准中的一级指标"专业目标与教学过程"的观测点进行更翔实的了解。如对一年级学生报考志愿情况的了解,以确定"吸引生源措施的有效性"指标的评分等。

3.3.2 查阅材料

可根据网上评价的不确定性和疑问,进行有针对性的查阅。如查阅专业教研室教研活动记录内容,以确定"周期开展专业建设教研活动的有效性"指标的评分;查阅异常情况的上报流程是否清晰,反馈是否及时等。

4 专业改进反馈会

专业评价委员会组织召开专业改进反馈会,被评价学校牵头负责人、专业负责人及部分专业团队成员和企业专家组成员参加反馈会。企业专家根据网上评价及实地考查的情况,充分讨论,以便在重要问题上取得一致意见,并提出评价意见及相关建议。专家与专业团队面对面确定关键改进要点及预期措施。专业团队根据"专家意见表"分析后撰写并提交"专业改进实施进程表"。

5 专业评价方法

专业诊断评价标准中可定量计算的指标,采取"结果—目标对比法",按照计算公式直接计算打分或按照评价标准结合评价主体经验进行先赋分后计算的方法对专业进行评价,也可利用或借鉴下列评价工具进行评价。

教学和专业档案袋(Teaching and Professional Portfolios)。对专业的建设规划、专业教学标准、专业师资队伍等教学必备资源的综合评价以及对专业教学过程信息的统计汇总。

专业观察(Professional Observations)。从专业提供的信息分析专业教学情况、专业教学过程中反映的学生学习和师资队伍建设情况、专业办学过程中体现的教学基础管理情况。

部门专业研讨(Departmental Professional Seminars)。专业团队中的教师与专业带头人一起交换专业建设意见的方式。

外部同行评议（External Peer Review）。专业将专业的建设规划、专业教学标准、专业师资队伍等教学必备材料送往同专业的专家学者进行的评价。

自评报告（Self-evaluation Report）。专业提供的自我反思文档，形式包括表、图、文字等。包括专业团队对专业的投入、专业的发展目标、专业的教学标准、专业的基础管理、拟采取的改进措施等方面的反思，如"专业自我诊断表"。

反馈备忘录（Reflective Memo）。提供给专业的反馈性文档，包括专业由谁评价、何时被评价、如何被评价、评价结果以及存在的问题，如"企业专家评价意见表"。

第二节　评价过程的标准化与评价反馈工具

第四代教育评价认为，评价应是参与评价的所有人特别是评价者与其对象相互作用、共同构建的过程。学生、同行、督导、企业是不同的利益主体，对学校人才培养质量的关键诉求存在差异性，参与专业教学评价的成熟度与聚焦点也不相同，需要顶层设计评价过程与评价诊断数据的反馈、应用、预警、再诊断模式。

按照"创设情境—确定问题—协作解决—达成共识"的思路，结合企业参与专业教学评价各构成要素的内在逻辑及评价规律，强化多维度、实时大数据支撑，从评价内容到评价行为，建立覆盖评价、采集、反馈、应用等可依据、可协同、可反馈、可改进的两类标准化准则，实现校企合作评价 1+1 > 2 的功效。

一、量表与平台：数据采集与数据反馈的标准化

马尔库塞（Marcuse）一再强调："评价不只是收集数据。为了进行评价工作，教育者必须明确他们收集信息的目的。数据收集后，教育者必须研究并使用这些结果，从而改善教育活动。"评价数据采集的客观性、准确性、及时性是保证评价结果用于绩效管理、改善专业教学效果、人才培养质量的"铁三角"，是评价过程标准化的必要条件。

（一）数据采集-反馈工具量表

围绕人才培养的前段、中段、后段、出口到办学水平综合诊断 5 个阶段 7 个关键环节的过程链，按照对应的评价标准开发评价量表，包括且不限于第一节提到的人才培养方案论证意见表、课程标准论证意见表，听课记录表、理论课课堂教学质量评价表、体育课课堂教学质量评价表、实验实训课课堂教学质量评价表、理实一体化课课堂教学质量评价表、线上教学质量评价表、课程设计教学质量评价表，顶岗实习课程教学质量评价表、顶岗实习企业调查量表、毕业设计（论文）教学质量评价表，雇主满意度调查量表，专业基本状况表、课程合理性（符合性）评估表、专业反思备忘表、企业专家评价意见表、专业改进实施意见表等。

以上述评价量表为载体，不断收集数据、分析数据、反馈数据、应用数据，并应用多维行动策略矩阵工具分析人才培养评价链上各教学环节的短板，驱动测量结果应用于专业人才培养方案的调整、课程体系的重构与优化、课程标准的整合与细化、课程实施教案等课堂教学组织设计的反思与再造等，才能达到教学成效与企业认同的双向"增值"。

（二）数据采集信息化平台系统

从评价数据的采集与分析的角度来看，信息化既是一种技术的手段，也是一种空间连接

的状态。从评价数据的反馈与应用的角度来看,信息化是连接数据服务的神经网络,更是赋能数据深耕迭代的大脑。在组织企业参与专业教学评价的实践中,为了实现专业人才培养目标建在产业链上、培养过程建在岗位链上、培养结果符合社会需求的"双主体"合作育人目标,需要围绕企业参与专业评价链上的核心数据采集-反馈工具量表,开发嵌入量表原貌及数据分析反馈模型的阶段过程性评价和整体诊断性评价信息化工具,打通数据服务的"最后一公里"。考虑数据信息化采集评价数据的必要性与经济性,按照评价过程链,可以重点开发教师授课质量评价、顶岗实习企业评教评学、雇主满意度调查3个信息化系统和1套专业评价工具包。

1. 教师授课质量评价管理系统

1)系统的基本功能

课堂教学评价是对教师教学组织设计行为、课堂管理行为、沟通交流行为以及课堂教学效果、教学目标达成度等教学事实的诊断及价值判断,是专业建设乃至教育教学管理的重要手段。"发展中的课堂教学评价"(建立在第四代教育评价理论基础上的评价)主张"引导教师实现自身的教学价值",在理念上侧重于通过评价反馈对教师授课进行矫正,而不仅仅简单地与教师职称晋级及任用挂钩。这种评价,既是面向过去的评价也是面向未来的评价,目的是吸纳"教师—学生—同行—督导—企业"等所有参评人员共同探讨课堂教学并共享课堂教学经验,协助并激励教师不断提升教学能力,建立自我改进的课堂质量保障机制。

"教师授课质量评教管理系统",通过每学期采集、接收、传输、存储、加工、处理、反馈教师授课质量学生—同行—督导—企业四方评价结果,为教师个人开展自评、改进教学,为专业分析全体专兼职教师授课质量的优先改进领域、应用行动策略矩阵确定优先改进项目,制定整改措施,不断提高教师授课质量水平提供数据决策服务。系统应考虑不同主体参与课堂教学评价的优势与劣势,引导不同主体客观、公正参与评教。如采用FLASH技术开发学生评教宝典,在学生评教成绩录入前,引导学生公平、公正参与评教;开发企业评教指南,在企业评价前,解释评价标准、解读关键教学概念、讲清评价量表填写规范等。

2)系统解决的问题

不同评价主体的价值判断和利益出发点是不同的,许多学校在对教师授课质量进行评价时往往采用学生评教、同行评教、督导评教和企业评教的综合加权结果。但在实际工作中,又会分离操作:一是学生评教以教务管理系统学生查看成绩前的网上评教为主,评价结果仅仅以教师个体为输出对象,不能按课程或者职称结构、年龄结构、双师结构分析教师的授课质量,也不能按不同的二级教学单位等反馈教师的授课状况;二是同行、督导和企业评教以听课后的纸质课堂教学评价表的人工打分为主。质量管理部门要想获得四方综合评价结果需要进行二次人工统计,数据量大、统计周期长、结果易出错,不能将评价结果及时反馈给教师,也无法让老师从学生、同行、督导、企业对其教学态度、教学方法等相同维度评价结果的差异性上了解自身的不足。系统要解决不同评教主体对老师的某一门课的结果汇集问题,要解决老师某一门课在不同的时间授课质量的变动趋势问题,要解决专业所有老师授课质量的排名以及发展趋势问题。

3)系统的关键模块

系统采用三层结构的B/S模式客户服务体系,即客户层、应用层和数据层,包括五大功能模块：在线测评、测评数据管理、数据查询与统计、基础信息管理和系统管理，每个模块又细分了若干子模块。系统的数据采集、汇总、分析以及反馈数据流见图 2-2。

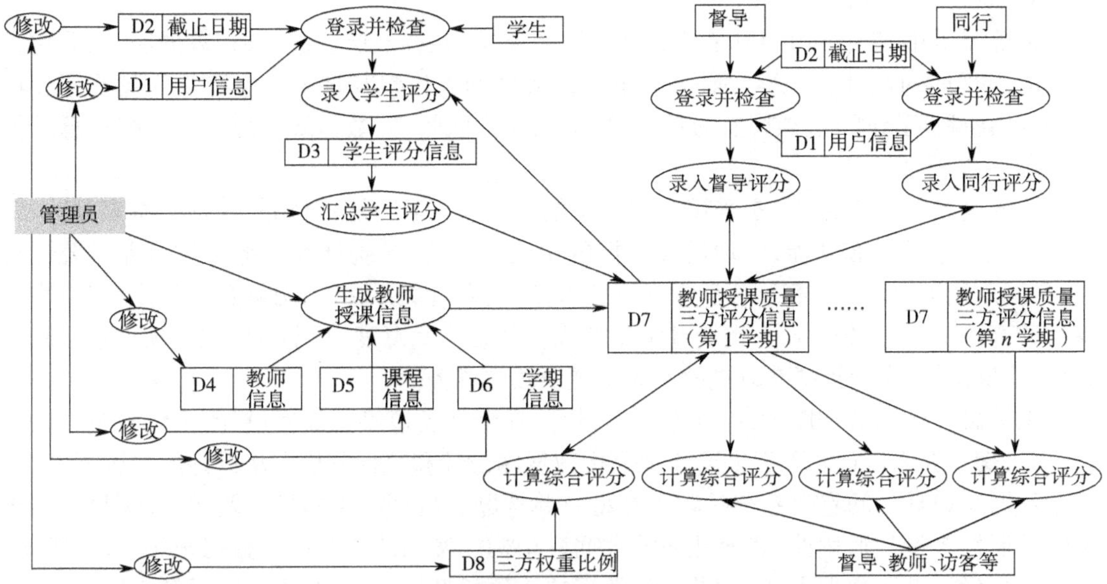

图 2-2　教师授课质量管理系统数据流图

4）系统的模块特点

在功能结构上，系统应有以下特点：一是采用模块化设计，各模块间独立性强、耦合度低，并可根据特定需求调整模块；二是采用 B/S 架构设计，用户无须安装客户端软件，在服务器上进行安装和配置即可直接使用浏览器登录系统进行在线测评和评教管理；三是导航设置符合“教师—学生—同行—督导—企业”操作习惯，简便、快捷。

2. 顶岗实习满意度调查系统

1）系统的基本功能

第四代教育评价中认为，评价应是参与评价的所有人特别是评价者与其对象交互作用、共同构建的过程。在确定的顶岗实习评价标准体系的基础上，按照“企业满意度”服务于“教”的理念，研发在线评价调查系统，将顶岗实习单位的“体检”标准、“体检”结果与信息化平台相融合，是一种必然的理性选择。

专业每学年第二学期通过系统组织应届毕业生所在的顶岗实习企业开展调查。调查数据的输出关注课程与专业面向的岗位及岗位群对接的程度，为分析学校教学质量优先改进领域、应用行动策略矩阵确定优先改进项目，制定整改措施，不断提高学校顶岗实习环节管理水平、提升教学质量提供数据支撑服务。系统是学校质量监控发展性评价的有效工具，具备评价、诊断、预测三重功效。

2）系统解决的问题

系统需解决企业参与学校人才培养质量后段“会诊体检”的大数据在采集、接收、传输、存储、加工、处理、反馈等环节面临的地域分散、数据量大、采集成本高、统计分析易出错、反馈不及时等系列问题，最终实现对多维海量数据的即时挖掘、可视化分析，为数据用于驱动监控评价结果应用于专业人才培养方案调整、课程整合、教师课堂教学改进等提供决策数据服务。

3)系统的模块特点

系统需采用三层结构的 B/S 模式客户服务体系,即客户层、应用层和数据层,以简化客户端应用程序的设计、开发与维护,减小系统实施的工作量与环节。系统主要包括问卷填写、题库管理、问卷管理、顶岗实习单位管理、发布回收管理、数据统计分析和系统信息维护7 大模块,见图 2-3。

系统具有以下特点:一是采用三层结构的 B/S 模式客户服务体系,实现支持多种题型、自动生成问卷的发布功能,实现调查数据的单题统计、交叉统计和趋势分析等即时统计功能;二是采用 FLASH 技术开发企业调查指南,实现人机交互功能,引导企业代表科学、客观参与调查评价;三是分专业大类统计学生的岗位表现力满意度,对学生岗位表现力进行趋势分析、质量预警,为学校精准改进教学质量提供数据服务。

系统设计包括数据库设计、问卷发布设计、保障问卷填答有效性设计、统计分析方法设计、人机交互界面设计。下面主要详细分析数据库设计和统计分析方法设计的关键要素。

数据库设计。问卷类系统的题目类型有单选题、多选题、矩阵量表题,结合题目类型未来的扩展性来设计通用性、兼容性强的数据库结构。按照调查组织与数据采集、分析规律,系统至少设计 7 张数据表;题目类型除常规的 3 种类型外,考虑扩展为普通量表题、多选排序题等满足远期数据分析的需要。系统的数据表结构如下。

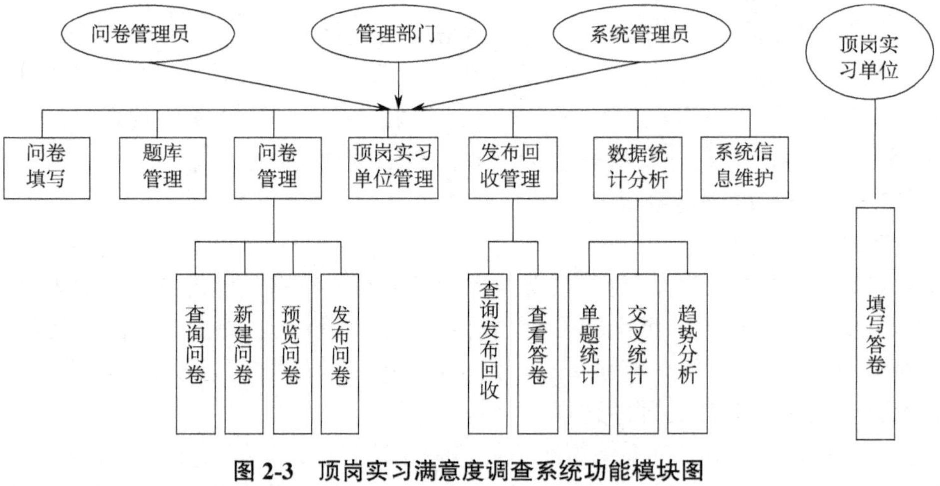

图 2-3　顶岗实习满意度调查系统功能模块图

(1)题库表(题目编号、题目类型、题目内容、选项数量、选项 1 内容、选项 2 内容、选项3 内容、选项 4 内容、……、选项 20 内容、父题编号、录入员编号)。

(2)问卷表(问卷编号、问卷名称、题目数量、创建时间、截止日期、是否启动、说明文字、录入员编号)。

(3)问卷—题库表(问卷编号、题目编号、题目序号)。

(4)结果表(问卷编号、题目编号、调查对象编号、选项 1 结果、选项 2 结果、选项 3 结果、选项 4 结果、……、选项 20 结果、答卷时间)。

（5）发放回收信息表（问卷编号、调查对象编号、唯一标识码、发放状态、发放时间）。

（6）调查对象表（调查对象编号、名称、类型、E-mail、规模、性质、电话、所在地）

（7）用户表（用户编号、账号、密码、角色）。

统计分析方法设计。系统要对调查结果进行单题统计、交叉统计和趋势分析。单题统计，单选题和多选题主要统计各选项填答的百分比；矩阵量表题（包括满意度量表和重要性量表）主要统计每项的平均值。交叉统计，挖掘问卷题目之间的关系，例如以学生来源多选题为自变量，以职业素质满意度、重要性矩阵量表题目为因变量，将学生来源按理工大类、经管大类、设计大类进行统计，可获得不同专业大类学生的职业素质满意度和重要性数据并进行分析。趋势分析，以时间数列展示顶岗实习单位对学生职业素质满意度、重要性比对关系的动态趋势。

3. 雇主满意度调查系统

1）系统的基本功能

按照“企业（雇主）满意度”服务于“教”，促进学生发展的逻辑主线，在确定了“企业”满意度评价标准体系的基础上，将不同会诊主体的“体检”标准、“体检”结果与信息化大数据平台相融合，自主研发了在线跟踪评价调查系统。以系统为载体，专业每年定期组织企业开展调查，引导专业在课程、教师、学生、雇主等不同层面对自身教育教学活动进行持续反思，推进专业建立多方参与的自我质量保证机制、探索多方参与专业办学评价新途径。

2）系统解决的问题

系统须解决企业参与学校人才培养质量“会诊体检”大数据在进行采集、接收、传输、存储、加工、处理、反馈等环节地域分散、数据量大、采集成本高、统计分析易出错、反馈不及时等系列问题。最终实现对多维海量数据的即时挖掘、可视化分析，为数据用于驱动监控评价结果应用于专业人才培养方案调整、课程整合、教师课堂教学改进等提供决策数据服务。

3）系统的模块特点

系统的功能模块包含：题库管理、院系管理、用户管理、问卷管理、年度数据比较、历年数据查询和信息维护七大模块。通过丰富直观的数据图表，对学生学习体验、教师专业成长、学生岗位招聘竞争力及岗位表现竞争力进行趋势分析、质量预警服务，系统的数据流图，见图 2-4。

系统应具有以下特点：一是采用三层结构的 B/S 模式客户服务体系，具备自动生成问卷、发布问卷的功能，满足调查数据的单题统计、交叉统计和趋势分析等即时统计功能，减小系统实施的工作量与环节；二是采用智能识别技术，保障调查数据的质量。包括一个邮箱只能填答一次、答卷不完整不能提交并提示漏选项、对问卷题目之间结果的一致性检测等；三是应用数据挖掘技术对调查结果进行多维统计分析和趋势查询。

系统在面向企业进行调查的同时，也可以拓展为面向学生、教师等其他办学利益主体。每个系统都可以按照七大功能模块开发，采用相同的关键技术，仅在部分统计功能和用户使用权限上稍有区别。

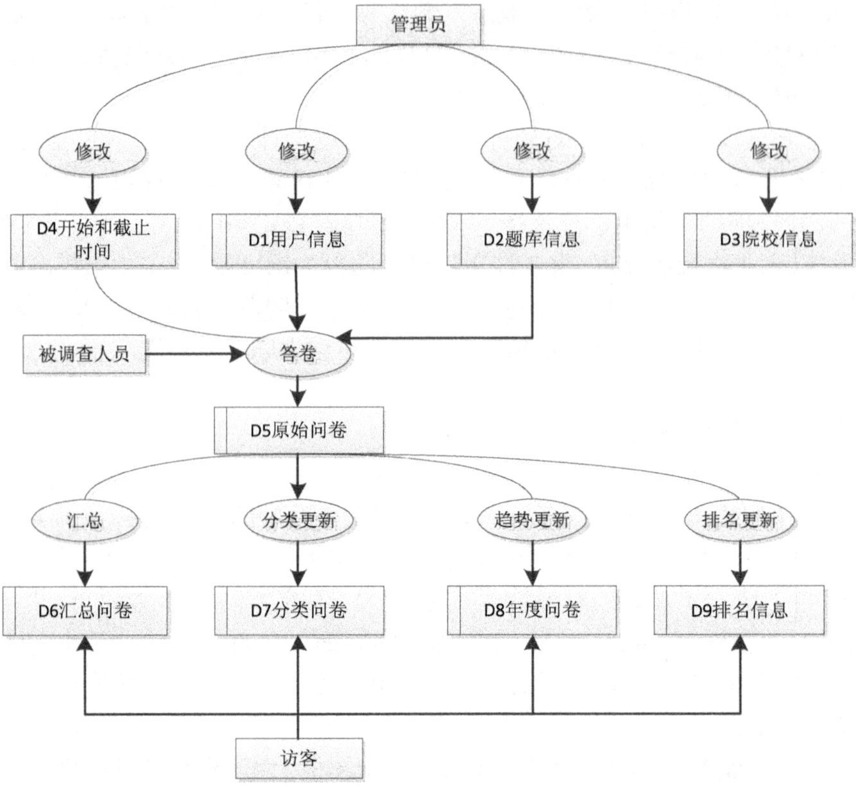

图 2-4 雇主满意度调查系统数据流图

4. 专业评价工具包

1)工具包基本情况

企业参与专业办学水平综合评价的整个过程中,参与评价的不仅包括评价的“组织者”和“实施者”,还包括与被评专业相关的“所有人”,教师、学生、企事业用人单位以及企业专家等的共同参与。按照第四代教育评价中提出的“契合多元价值的评价标准”的理念,评价标准包括教师授课质量综合评价数据,学生、雇主满意度调查数据,师生大赛获奖数据,招生、报到、就业数据等,构建了“所有参与评价人全面参与的评价氛围”。

对应评价标准与评价方案,专业评价工具包包括“教师授课质量评教管理系统”“雇主满意度调查”“教学质量学生满意度调查”三大信息化平台,以及辅助专业团队和企业专家按照评价指标体系评分的在线评价“听诊器”,让多方参与专业评价的大数据从过程积累走向趋势分析,“校、企、学”融合,协助专业团队和企业专家采用“专业观察”,理性分析办学过程的规范性、专业教学目标的达成度。

2)工具包解决的问题

工具包需解决企业参与专业办学水平的综合诊断评价时,按照《专业评价标准》打分、查找相应佐证材料、按专业评价标准赋分等工作环节面临的需二次查找佐证资料工作量大、个别指标按原始数据计算耗时易出错等问题,最终实现评价标准、佐证资料、专家打分于一体,为企业专家全面了解专业建设水平提供“全身扫描”、可视化分析,为采用“回应—协商—共识”的建构型方法,校企共同对专业的培养目标、办学资源、学生学习成果、服务对象满意度、社会声誉等方面综合分析、评价,共同明确改进目标、改进方案提供决策数据服务。

3)工具包的模块特点

专业评价关注专业办学目标、主体、过程、活动和结果中的证据,评价工具包由日常管理的评价系统和专业综合评价专用工具组成。

(1)日常管理的评价系统。评价系统主要有四个,保证专业评价数据采集的源头性、客观性、准确性和及时性。一是“教师授课质量评教管理系统”,对专业教师授课质量的历史评价结果,对师资队伍的授课质量整体水平进行评价;二是“教学质量学生满意度调查”,系统对在校生的学习体验满意度进行评价;三是“雇主满意度调查”,对毕业生的岗位表现、招聘竞争力进行评价;四是“人才培养数据采集平台”,对专业教师的师生比、招生报到就业率等指标进行即时性采集。

(2)专业综合评价专用工具。工具包中的“听诊器”,可以用EXCEL设计成一体化的评价统计表,内容包含:评价标准管理、评价数据来源管理、评价佐证材料链接管理、评价实际指标状况与达标值管理、评价结果管理5个功能模块。定量与定性评价采取“结果—目标对比法”,按照计算公式预设在打分表中,通过直观的数据文件逻辑关系,对专业的办学历史、特色和质量保证体系概况,人才培养质量目标、面向的岗位群和对应的产业,招生、就业和服务的质量,教学资源、校企合作和社会竞争力,发展潜力、面临的困难和未来期望等进行趋势分析、质量预警。

二、报告与活动:评价结果与沟通渠道的标准化

按照企业全链式参与专业教学评价的5个阶段7个关键环节,从现实的评价管理、评价组织到评价结果的规范化应用,开发信息化数据采集与反馈系统、组织评价过程、设计沟通渠道、规范沟通主题、应用评价结果,将会获得解决专业教学建设短板的教学改进方案。凝聚专业教师责任,发挥企业专家或星期天工程师的专业优势,创设沟通研讨机制,建立标准化的评价结果沟通渠道,更好地连接企业需求,让行业、企业在专业人才培养过程中成为社会需求的“传递者”,培养目标的“设计者”,培养质量的“验收者”,是评价的最终目的。

(一)沟通渠道的内涵

沟通渠道是信息发送者传递信息的途径,由信息源的选择和传送信息的媒介物组成,有正式渠道和非正式渠道两类。正式渠道由组织建立,主要传递与工作相关的活动信息,并遵循着组织中的权力网络。非正式沟通渠道是指除正式沟通以外的信息交流和传递渠道,其沟通途径是通过组织内的各种社会关系开展的,不受组织监督。常见的非正式沟通模式主要有单线式、随机式、集合式和密语式,它是正式沟通的有机补充,也是沟通难以控制、传递信息失真的“自留地”。

(二)沟通的主要方法

信息沟通最普遍使用的方法有会议沟通、口头沟通、书面沟通、非语言沟通及电子媒介沟通。通常,采用使用方都理解并接受的方法,能使双方的沟通更加顺畅。在信息沟通之前,信息发送者应对所传递信息的背景、依据、理由等作出适当的解释,使对方对信息有明确、全面的了解,用最有效的方法传递中心思想。信息接收者也要通过恰当的方式给出反馈

意见，以降低信息传递过程中的失真与偏差。

（三）沟通的标准化渠道

采用标准化的沟通渠道、高效的沟通方法，有助于企业参与评价后将完整的评价信息反馈给专业团队，帮助专业进一步明确专业建设的短板，应用行动策略矩阵制订有效的改进计划。本章节所讲的沟通的标准化渠道，主要指正式沟通渠道，包括会议沟通和书面沟通两类。

会议沟通创设了校企面对面按照专业办学规律共同探讨教学的场景，双方按照既定的沟通主题，在约定的地点、规定的时间、确定的沟通主体之间交换意见、对话沟通，有效解决企业“签名式评价”的问题。如按规范组织企业专家、企业督导、企业委员参加论证会、现场座谈会以及专业改进研讨会，按要求组织企业导师、企业督导、技能大师参加专业组织的教研工作坊（见【拓展5】）等。

书面沟通通过综合、对比、分析等方式集成企业多维评价数据，同时针对重点关注环节，予以强化显示，例如红色图表、特殊符号标注、字体放大等，能有效解决企业“碎片化参与”的问题。如按标准体例将企业课堂教学评教数据、顶岗实习调查年度分析报告（见【拓展6】）、用人单位满意度调查报告等通过主题网站、发布专栏、新闻报道等多样化的文字载体传递给专业。

总而言之，评价内容的标准化是评价工作过程标准化的基础，但不能保证评价工作过程的标准化，没有评价过程的标准化评价内容的标准化就失去了“翅膀”。只有贯通“两类标准化”操作，规范评价内容对专业教学的“融入性”、支持评价过程对人才培养的“参与性”、保障信息手段对评价反馈的“实效性”、夯实校企沟通对话渠道对结果应用的“支撑性”，评价数据才能从采集、反馈、应用环环相扣，让企业参与评价能说到点子上、用到教学上，见【拓展5】和【拓展6】。

【拓展5】　办实事：课堂教学设计“三美”工作坊圆满召开

××月××日下午，课堂教学设计与自评“设计之美”“德育之美”“感悟之美”工作坊在学校东校区第二实训楼B506召开。本次工作坊由职业教育研究所举办，按照“强自身、出精品、重实践、促成效”的工作理念，目的是深化“三教改革”，推进教研工作坊队伍建设，精准提升教师教研能力，顺利推进2020年度学校“课堂教学设计与自评”教学改革专项工作，得到了各二级学院的大力支持。各二级学院教学/科研副院长、教研室主任代表、12个教改专项项目负责人、12名二级教学单位的企业督导，以及职教所全体人员近70余人参加。

工作坊由职教所黄副所长主持。李所长做主题发言，她指出“三教改革”是职业教育的重点。其中，教师是根本，教材是基础，教法是途径，落实到具体的教学中，就是要更新教学理念，改革教学方法与评价标准，增进教学反思，促进课堂教学的有效性。通过工作坊，应达成三个共识。第一个共识是教学改革研究项目不能是一派热闹非凡“瞎折腾”，不能为了改革而改革，必须弄清楚为什么要改，哪些地方需要改，怎么样进行改？如果不厘清这些基本问题，“教改”就有可能偏向盲目。例如，在“教改风”盛行之下，很多教改的出发点，或许只是申报一个项目和课题而已，与实际需要之间还有很大差距，教改只不过是披着“课题”的外衣，进行的一种论文或报告生产而已，这种改革不过是“纸上的”改革，脱离了现实基础和条件，并不能解决教学中实际存在的问题。第二个共识是教学研究的根本在解决符合时代事实的问题，不管是大问题还是小问题，要来源于事实、植根于事实、服务于事实，最终又接受事实的检验。教改项目只是一种手段，是为了达成教学目标，而采取的不同形式的探索与改进，扮演的是一种“手段”的角色。第三个共识是精雕细琢案例，共同做好教改专项最终成果书稿的出版工作，通过 12 位教师们典型的教案设计“原创作品”以及教学经验的“原发感悟”，透过小教案，引导教师成为“大先生”。

企业督导蔡高级工程师认为，12 个团队代表围绕课程思政元素挖掘依据、融入点、教学方法等分享的心得，各位副院长各自的感悟，讲得都十分精彩。思想政治教育政策是党和国家为实现思想政治教育目标、完成思想政治工作任务而制定的纲领和原则。课程思政如果生硬造作，如果被理解为所有老师都要讲一点思政课的内容、所有课程在专业内容之外都要另行添加一些思政元素，就会出现“两张皮”“贴标签”的情形。传道者先明道信道，课程思政不是课程建设的一场运动，是教师日常教育教学要做的工作，是我们的初心。希望在座的每位教师不仅自己主动承担课程思政的建设工作，有“莫听穿林打叶声，何妨吟啸且徐行”的坚守，还要带动身边的老师潜心投入，大家共同努力，遵循教书育人规律、学生成长规律，沿用好办法、改进老办法、探索新办法，探索专业课教学隐性与显性德育功能相结合的教学方法，打造富有亲和力的思政课堂，帮助我们的学生扣好在我们学校学习生活期间的纽扣，实现“潇潇有雨声，润物细无声”的效果。

此次工作坊活动以贯彻落实习近平总书记重要指示和全国职业教育大会精神，推动现代职业教育高质量发展等为主线，以信息技术与教育教学深度融合，教学反思为重点，既是推动我校课堂教学高质量发展，打造富有亲和力的育人大课堂的一次学习会，也是一次工作交流会，更是支部创新党建业务双融双促“1+X”模式为学校办实事的落地会。12 个团队代表围绕信息化教学设计、思政元素融入、教学反思等分享心得，二级学院副院长们分享感悟，企业督导畅所欲言，对于进一步提高教学水平、促进我校高质量发展增添了新的动能。（图 2-5）

图 2-5　课堂教学设计“三美”工作坊

【拓展 6】 "顶岗实习企业评教评学"调查报告(××××年度)

《教育部、财政部关于支持高等职业学校提升专业服务产业发展能力的通知》(教职成〔2011〕11 号)中明确提出:建立就业(用人)单位、行业协会、学生及其家长、研究机构等利益相关方共同参与的第三方人才培养质量评价制度。根据教育部等八部门关于印发《职业学校学生实习管理规定》的通知(教职成〔2021〕4 号),××职业技术学院在××年 6—7 月期间对应届毕业生毕业前顶岗实习进行"企业评教评学"专项调查,了解企业对学校顶岗实习管理、课程设置及学生专业技能与职业素质的满意度。

一、调查范围

在全校按每个专业随机至少抽取 2 家顶岗实习企业进行问卷调查,调查采用网上调查方式,网上调查通过调查人员向企业发送电子邮件填答。共下发问卷 231 份,回收问卷 134 份。

二、调查内容

按照多层次分析法的原理,根据顶岗实习企业评教评学标准(表 2-25)、顶岗实习企业评教评学调查量表(表 2-26),测量每项调查内容的满意度。其中:"顶岗实习教学满意度"按照答题选项的百分比进行统计分析;"学生岗位表现力满意度"采用里克特 5 级正向记分的方式分别从"重要程度"和"满意程度"作答,答案分别为"重要""比较重要""一般""比较不重要""不重要";"满意""比较满意""一般""比较不满意""不满意",赋值从高到低依次记为 5 分、4 分、3 分、2 分、1 分。先在我校发放并回收调查问卷,分析雇主对学生质量期望与感知的差距,分析问卷的信度、效度,重新修订并完善问卷。对问卷再次进行评估,使问卷的信度和效度(克隆巴赫系数、各变量的 Kaiser-Meyer-Olkin)满足调查的目的并符合学生的认知和逻辑思维。

调查量表结合顶岗实习企业(单位)对学校人才培养质量的预期质量、感知质量、感知价值的特点,根据企业顶岗实习满意度评价指标体系设计,符合企业评价的认知习惯。调查量表主要由三部分组成,第一和第二部分是主体部分。其中第一部分内容涉及实习教学保障(包括实习标准、实习计划与时间、实习岗位对学生基本专业技能与素养要求、实习协议),实习现场管理 2 个维度 7 个指标;第二部分内容涉及企业对学生 10 项核心职业素质方面的满意度、实习期间学生职业技能与素养改善状况、是否愿意继续接收实习生 4 个维度 12 个指标。第三部分是顶岗实习企业规模、类型等基本情况。第二个部分的问卷采用里克特 5 级正向记分的方式,测量各项调查内容的重要性、满意度与绩差(重要性减去满意性即为绩差)。

三、调查结果及分析

1. 顶岗实习企业特征

134 家企业中:民营企业占 69.49%,外企占 11.86%,国企占 5.08%,混合制占 10.18%,其他占 3.39%。实习企业中用人规模在 50 人以下的占 40.68%,50~100 人的占 10.17%,100~300 人的占 20.34%,300~500 人的占 10.17%,500~1000 人的占 5.08%、1000 人以上的占 13.56%。

2. 实习保障、标准、计划与时间

实习企业与学校签订了顶岗实习基地协议的占 30.51%，没签订但希望签订的占 25.43%，没签订也不希望签订的占 18.64%，不清楚的占 25.43%。企业参与制订顶岗实习计划的仅占 16.95%，收到或了解顶岗实习计划（大纲）的仅占 18.6%，50.85%的学生实习时间基本上在 4 个月以上。数据说明：学生顶岗实习大部分是在与学校有合作协议的企业完成，并且超过半数企业了解顶岗实习标准，能够基本保证学生顶岗实习教学质量达到预期目标。

3. 实习岗位对学生基本技能与专业素养要求

实习企业优先录用专业对口的占 66.1%；不限专业，但要依据面试而定的占 27.12%。数据统计显示，企业对学生的计算机应用能力有要求的占 32.2%，对学生的英语等级有要求的仅占 11.86%（包括计算机专业和涉英专业），对计算机应用能力和英语等级都有要求的占 20.34%。调查结果说明：学生主要在中小企业实习，企业对学生的计算机和英语要求不高，但对学生专业是否与岗位对口还是比较重视的。

4. 实习管理

学生在顶岗实习期间，安排有专职指导老师或辅导员全程跟踪并由专职指导老师或辅导员管理，每隔一般时间可以见到他们下厂的占 40.68%；安排有专职指导老师或辅导员全程跟踪，偶尔可以见到他们下厂的占 18.64%；没有安排有专职指导老师或辅导员全程跟踪，主要由实习单位兼职教师代管或学生自主管理的占 40.68%。调查数据说明：虽然顶岗实习采用双导师制，但仍存在学生自主管理（称为“放羊”）的状况。

5. 实习后学生专业技能与职业素养状况

实习企业认为课程设置与岗位衔接状况很好或者好的，不需改进的占 66.1%；认为一般，需改进的占 32.2%；认为不好，需改进的占 1.7%。实习企业认为，学生实习后，职业技能与职业素养有很大提高的占 37.29%；有提高的占 54.24%；有一点提高的占 8.47%。调查结果说明：课程设置与岗位衔接仍有进一步改进的空间；通过顶岗实习，大多数同学专业技能与职业素养得到了提高，为就业奠定了坚实的基础。

6. 企业对学生的移情性

企业的移情性用企业是否愿意继续接收实习生并录用实习生来测量。数据显示：愿意继续接收我院实习生并录用毕业生的占 86.44%；愿意继续接收实习生，但不打算录用毕业生的占 6.09%；不愿意继续接收实习生，但打算录用毕业生的占 5.78%；打算不再接收实习生及录用毕业生 1.69%。调查结果说明大多数企业愿意继续接收或录用我院学生，对学生比较满意。

7. 企业对学生的满意度

按照里克特 5 级正向记分的方式让企业对学生下列职业技能与素养进行测量，结果见“顶岗实习单位评教评学调查系统”（其中：1~2 分为不满意、不重要；2~3 分为不太满意、不太重要；3~4 分为比较满意、比较重要；4~5 分为满意、重要）。全院数据显示：企业满意度最高的是“服从管理”；所有指标的重要性在 4 分以上，说明企业认为调查的所有项目都是评价学生职业素养比较重要的内容。按照行动策略矩阵，重要与满意度差值在 0.5 左右的是“创新能力”。设计类数据显示，企业满意度最高的是“服从管理”和“诚实守信”，重要与满意度差值在 0.5 左右的是“工作业绩”和“专业技能”。经管文类数据显示：企业满意度最高的是“诚实守信”，重要与满意度差值在0.5左右的是“工作业绩”“专业技能”“沟通能力”。理工类数据显示：企业满意度最高的是“服从管理”，重要与满意度差值在0.5左右的是“创新能力”“沟通能力”“承压能力”。“专业技能”“创新能力”，“沟通能力”是学校应该优先干预的领域，也就是说学校要尽快进行顶层设计，通过统筹安排，结合学生在校期间的学习经历，如课程学习、社会实践、参加技能大赛等多种措施逐步推进学生在校期间专业技能、创新能力和沟通能力的培养，提高企业的满意度。

四、建议与对策

（1）建议采用以下措施进一步优化课程设置、强化对实习的管理。

根据行业、企业需求适时调整专业课程设置。学校应要求专业团队必须深入一线调查企业需求，加大专业调查的广度与深度，在专业调查论证会上，不仅要有论证报告，还要有调查实例，使专业调查的落脚点真正落实到满足企业的实际需求上来。如，我校软件专业的顶岗实习企业希望实习生对数据库SQL语句要熟悉，要懂软件开发程序，建议开设C++职业训导课程；一些食品企业希望开设诸如ISO、HAPPC、GMP方面的课程，多让学生独立进行食品检测实验项目；一些服装企业建议学校要注重引导学生了解成衣市场，增设组织学生到学校周边著名的服装辅料批发市场了解市场价格或面料流行趋势等方面的课程，以提高学生商业意识；还有一些旅游企业希望开设“情景模拟”的理论与实践相结合的课程，培养学生的沟通表达能力等综合职业素养。

根据行业、企业契约精神强化顶岗实习的责任管理。学校应要求各专业根据顶岗实习协议，加强实习指导，特别是在实习动员会上，要逐条明确顶岗实习三方协议的法律效力及违约责任。同时，严格学生成绩评价管理，把是否能够履行学校顶岗实习安排时间作为学生成绩评定的重点指标。此外，学校还应加大对顶岗实习专职指导教师在与学生沟通和交流方面的考核力度，保证按三方协议完成顶岗实习任务。许多企业反映，存在少数学生在实习中半路走人的现象，不仅给企业的正常经营带来了干扰，加大了企业管理顶岗实习的成本，也影响了企业和学校的后续合作。同时，企业认为：在实习过程中，不能简单依靠远程管理或委托企业兼职教师管理，学校要派专职人员定期与学生面对面地沟通，了解他们的需求和心理状况，共同关心他们的工作与生活动态，校企协同做好学生顶岗实习的过程管理。

（2）调查结果说明，学生成为高端技能人才的瓶颈主要是创新能力、沟通能力，建议学校将采用以下措施加强对学生的教育。

根据行业、企业运营特点多渠道开展企业文化教育。中小民营企业运营管理的特点就是管理制度不健全，岗位分工不明确，有的企业往往需要员工一人兼多岗。学生面向的顶岗实习单位多为中小企业，工作岗位活多活杂活累，许多实习生不能适应工作环境而消极怠工。学校应与企业合作，针对中小企业运营管理和人才需求特点多渠道开展企业文化教育，如请企业老总来讲课，让学生了解企业的运营管理状况、企业最关注员工哪些职业素质、学生自身职业素质与企业需求的差距等；或是在顶岗实习前企业和学校联合对学生进行岗前培训，了解顶岗实习企业的管理文化，让学生有目的地强化自我沟通能力的培养。

根据行业、企业员工素质模型多途径开展素质教育。员工素质模型指出，员工的行为、知识、技能仅仅是表象，潜在的决定员工素质的是员工的价值观、个人品质、个性及内在驱动力。面对00后学生团队合作精神、创新能力方面较弱的特点，学校应组织教务处、团委、学生处等部门，在工学结合课程、专业见习、社团活动等学习过程中，设计相关训练环节，或是鼓励学生业余时间到企业兼职，多方位进行团队合作意识训练，培养学生的人际沟通能力及创新精神职业素质的养成。

五、结语

美国、德国等高等教育的实践证明："重点关注企业和学生需求、不断地改进教育经历的质量，利用雇主满意度和学生满意度测评调整未来方向"是成功院校的三个基本因素。定期开展"企业评教评学"专项调查，了解顶岗实习制度及教学安排的实际情况，了解企业对顶岗实习的意见及建议，了解企业对人才职业素养的实际需求，了解企业对学校人才培养质量的满意度，了解学校培养高端技能人才的瓶颈，打通校企"合作办学、合作育人、合作就业、合作发展"的脉络，是实现学校质量监控管理目标的有效工具。

第三章 护评:企业参与评价的行为特征与第三方保障

正如第一章介绍的,企业在参与专业教学评价的过程中普遍存在“信息蚕房”与“知识鸿沟”,主要是由个体信息“碎片化”下的认知偏差、个体“情绪偏爱”下的被动选择性接受、群体效应影响下个体的“非理性共享”这三个社会属性决定的,也和企业参与专业教学评价的经济属性和技术属性有关。由谁组织企业参与专业评价?企业参与专业评价的行为特征是怎样的?研究上述问题的解决方案,通过组织、运行与考核“两项制度化”保障、制定“一揽子”制度,组织专业,吸纳企业,依托行业,颁布章程规程,制定方案细则,出台指南指引,消除“文本保障”,制作“码上学”数字化培训学习资源等,才能将专业评价规律转化为企业参与教学实践。

第一节 企业参与评价的行为特征与第三方机构

在“信息蚕房”“知识鸿沟”以及企业参与动机的叠加下,企业参与评价的行为特征往往和组织体系的完善程度,税收优惠、财政补贴、专项资金等涉及利益的社会经济制度,企业的规模、技术水平、责任意识等企业个体属性的因素有关。

一、自然属性与社会属性:行为特征的两重性

行为特征是组织行为学中的一个概念。组织行为学作为多学科、多层次交叉和渗透的综合性学科,应用心理学、社会学、人类学、政治学、生物学、伦理学等学科的知识,在组织管理实践中研究并解释组织中人的行为。组织行为学视域下的个体行为特征,通常具备自然和社会两重性,既具有与组织中人的行为生物性特征相联系的反映人的行为一般规律的属性即自然属性,又具有反映人的社会活动规律的社会属性。

在行为特征两重性的影响下,企业和学校在开展专业教学评价时对不同教学环节的评价内容标准和评价工作标准的理解、记忆和行为,往往更倾向于根据自己的偏好来选择自己感兴趣的信息,而不是标准本身要求的所有信息,“信息蚕房”会更加厚密。因而在评价的过程中,需要了解企业参与评价的行为特征,校企建立评价共识填平“知识鸿沟”,实现企业参与专业教学评价的“独立性”“专业性”“权威性”等公共理性。

二、技术偏好与成本偏好:企业行为的双因素

研究企业参与评价的行为要对企业在校企合作中的价值判断、地位以及作用进行全新的探讨,从微观角度解答企业为什么会参与?能够参与哪些内容?如何参与具体的评价?

这三个基本问题。

企业是经济市场活动的主体，其行为符合工资挤压效应理论。工资挤压效应理论认为，工资变动与技能有着密切的联系。在技术进步的影响下，技能不再是一个固定的外生变量，而是与技术进步共同作用对工资挤压效应与培训成本产生影响的内生变量，进而干扰、影响、决定企业参与培训员工的动机。在不完全竞争市场条件下，当工资的挤压效应大于员工培训成本时，企业就愿意承担技能培训的成本，愿意从事与提高员工技能相关的工作。这种市场条件下的企业参与专业教学评价付出的时间、技术等相关成本，实际上是企业预付的承担企业未来发展所需技能人才的培训支出，是企业人力成本的前移。此外，作为经济市场活动的主体，企业在参与专业教学评价的活动中还会受到道德习惯即社会责任和教育情怀的影响。

在工资挤压效应下，企业参与职业教育的偏好主要有技术型和成本型两类。第三方机构组织企业参与评价，仅影响评价结果本身的公平性、专业性与权威性，并不影响企业参与评价的行为特征。在这两种偏好影响下，企业参与教学评价的行为特征主要分为主动实践型、被动接受型、技术牵引型和经济驱动型。按照拍摄戏剧时的不同角色行为特征，对应上述四种类型，可以定义为“带角色入剧”的主角、“带资入场”的配角、“带技术入股”的制片人和“跑龙套”的群众演员，见图 3-1。

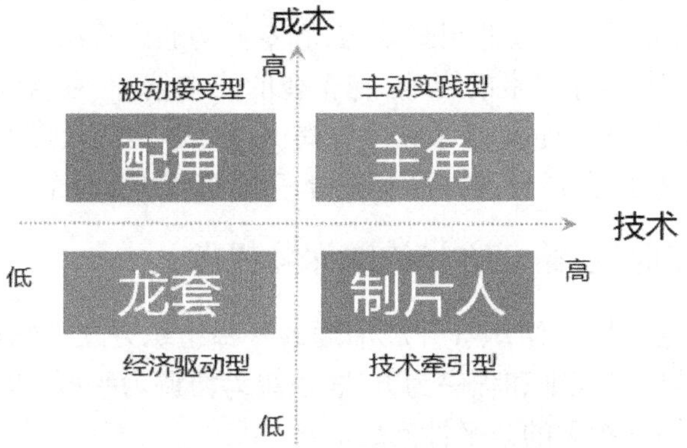

图 3-1　企业参与教学评价的四种行为特征

1. 主动实践型

“带角色入剧”的主角。企业参与专业教学评价的偏好倾向于高技术、高成本，企业参与专业评价是想从专业团队获得技术改造、技术更新、管理进阶、服务优化支持，且愿意以较高的成本获得弥补企业人力资源的专业教师或学生。这些企业参与专业教学评价的行为主要有以下特征：一是主动将企业的新技术、新设备、新工艺对接人才培养方案、课程标准和课堂教学；二是会参加教学术语、评价标准、评价工具量表的培训；三是主动应用正式或非正式渠道，和专业沟通评价结果、提出改进建议。

2. 被动接受型

“带资入场”的配角。企业参与专业教学评价的偏好倾向于低技术、高成本，企业不愿意或者说不屑于从专业团队获得技术改造、技术更新、管理进阶、服务优化支持，但愿意以较高的成本获得弥补企业人力资源的专业教师或学生。这些企业参与专业教学评价的行为主要有以下特征:一是签名式评价,不愿将企业的新技术、新设备、新工艺与人才培养方案、课程标准和课堂教学对接;二是对教学术语有所了解,对评价标准有所理解,对评价工具量表有所熟悉;三是主动应用正式或非正式渠道,和专业沟通评价结果、提出改进建议。

3. 技术牵引型

"技术入股"的制片人。企业参与专业教学评价的偏好倾向于高技术、低成本,企业参与专业评价是想从专业团队获得技术改造、技术更新、管理进阶、服务优化支持,且以较低的成本获得弥补企业人力资源的专业教师或学生。这些企业参与专业教学评价的行为主要有以下特征:一是主动将企业的新技术、新设备、新工艺对接人才培养方案、课程标准和课堂教学;二是主动学习教学术语、钻研评价标准、熟悉评价工具量表;三是主动应用正式或非正式渠道,和专业沟通评价结果、提出改进建议。

4. 经济驱动型

"跑龙套"的群众演员。企业参与专业教学评价的偏好倾向于低技术、低成本,企业不愿意从专业团队获得技术改造、技术更新、管理进阶、服务优化支持,且参与专业评价是想以较低的成本获得弥补企业人力资源的专业教师或学生。这些企业参与专业教学评价的行为主要有以下特征:一是签名式评价,不愿将企业的新技术、新设备、新工艺与人才培养方案、课程标准和课堂教学对接;二是对教学术语一无所知,对评价标准一知半解,对评价工具量表走马观花;三是主动应用正式或非正式渠道,和专业沟通评价结果、提出改进建议。

道德习惯受环境、个体等因素的影响,与企业的成本偏好、利益动机既有相容性又有互斥性,并不能为公平的衡量企业参与评价行为提供一个客观的尺度。鉴于道德习惯调节因素的不确定性和难测量性,上述分类并没有充分考虑道德习惯对企业参与评价行为的调节。

三、独立性与专业性:第三方机构的保障机理

第三方机构是政府、社会、组织等开展治理的一种组织方式。它以解决问题为目标,以协议和文件约定为准则,以规则和程序为方法,以统筹协调为手段,以非甲方、非乙方的特殊独立身份合理解决与治理相关的公平性问题。

第三方组织评价的模式主要有专家团队评价模式、专业公司评价模式,此外社会代表评价模式和民众参与评价模式是上述两种评价模式的补充。在企业全链式参与专业教学评价的过程中,第三方机构的保障机理主要包括"自保障""他保障"两种。"自保障"指的是第三方机构本身的组织属性,以"第三方"的"独立性"为保证评价结果科学公正的起点、以"第三方"的"专业性"和"权威性"为保证评价结果科学公正的基础;"他保障"指的第三方机构本身的衍生属性,透过"企业之眼",引导专业团队从市场需求侧的角度反思专业建设的各个实施过程、制定可复制可操作可实现的改进措施,以提高专业的培养质量。

第二节　评价组织机构"一站式"的组建模式

第三方机构组织企业参与评价并不完全影响企业参与评价的行为特征。主动实践型、被动接受型、技术牵引型和经济驱动型,都是由企业参与职业教育的成本偏好和技术偏好决

定的。无论第三方机构采用独立型还是混合型的组织模式,制定评价标准、遴选评价专家、组织评价实施等都需要规范的评价程序与方法。

一、方法与程序:不同阶段的教学场景评价要义

企业全链式参与专业教学评价,涉及专业建设的输入性环节、实施性环节、结果性环节等全过程,需要沿袭评价链上5个阶段的7个教学场景,采用合理经济的方法建立企业参与评价的基本程序。

1. 人才培养方案与课程标准论证

常见的人才培养方案与课程标准论证基本方法包括:教学和专业档案袋、专业观察、部门专业研讨、外部同行评议、反馈备忘录等。研读论证资料、参与论证会议、提交论证意见、跟进改进状况是企业参与人才培养方案与课程标准论证评价的通用程序。

1)研读论证资料

研读专业人才培养方案(了解专业定位及毕业生核心能力指标)或课程标准(了解课程设置对学生核心能力的支撑度),研读参与人才培养方案或课程标准论证指导意见(了解论证的目的及标准)。

2)参与论证会议

听专业负责人介绍专业人才培养、实训建设、课程建设发展现状,聚焦"人才培养方案论证意见表"中所列"培养目标及专业核心能力""教学计划及课程实施""实践环节及创新能力培养"等维度的"观测点"或聚焦课程标准论证意见表中所列"职业性体现""职业能力培养""创新性培养"等维度的"观测点"参与论证。

码上看指南

3)提交论证意见

完成"人才培养方案论证意见表"或"课程标准论证意见表"。

4)跟进改进状况

论证后一周内跟进人才培养方案或课程标准调整状况。

2. 课堂教学评价

常见的课堂教学评价基本方法包括:教学和课程档案袋、课堂观察、部门教学研讨、辅导和指导、外部同行评议、反馈备忘录与自评报告。研读评价标准、参与课堂评价、提交评价意见、跟进改进状况是企业参与课堂教学评价的通用程序。

1)研读评价标准

研读参与课堂教学评价指导意见(了解评价目的、评价方法、评价途径),了解课堂教学质量评价表中教学态度、教学内容、教学方法、教学效果、教学秩序等5个维度评价观测点的教学概念与术语。

2)参与课堂评价

可采用随机线上/线下听课,参与课堂设计答辩,担任教学竞赛评委、公开课点评专家等方式参与课堂评价。实施课前准备、课中观察、课下跟进、课后反馈听课评课四步法外,在教学资源与所对应的岗位技术技能关联性、教学案例是否融入企业新技术、新设备、新工艺等方面给出更贴近行业或岗

码上看指南

位教学内容的评价。

3)提交评价意见

填写对应听课课程类别的课堂教学质量评价表，并提交给听课教师所在学院的教学秘书；与被听课老师进行课后交流，按照 1∶1∶1(1 个优点、1 个不足、1 项关键改进建议)的原则及时反馈意见。

4)跟进改进状况

评价后一学期内跟进课堂教学实施的改进状况。

3. 顶岗实习与毕业设计(论文)

常见的顶岗实习单位与毕业设计(论文)评价的基本方法包括：教学和课程档案袋、现场观察、部门教学研讨、辅导和指导、访谈对话、反馈备忘录与调查报告。评价前期准备、参与顶岗与毕业成果评价、提交评价意见、了解评价结果是企业参与顶岗实习与毕业设计(论文)评价的通用程序。

1)评价前期准备

熟悉顶岗实习评价标准；填写被调查单位信息导入表，并在指定时间内提交；研读毕业设计评价标准，按照毕业论文(设计)的教学活动规律，了解毕业设计评价表中“选题”“指导”“中期检查”“答辩、论文或作品质量”“成绩评定”“材料归档”6 个一级指标、13 个观测点的基本教学概念与教学术语。

2)参与顶岗与毕业成果评价

研读顶岗实习评价量表，关注“顶岗实习教学满意度”和“学生岗位表现力满意度”两大一级指标。聚焦“实习岗位对学生基本专业技能与素养要求”“课程设置与职业岗位工作需要的衔接状况”等实习教学保障的具体指标，以及“专职指导教师或辅导员全程管理状况”“企业参与顶岗实习学生的成绩评定状况”等实习现场管理的具体指标；研读毕业设计(论文)教学质量评价表，关注“答辩论文或作品质量”中学生毕业论文撰写符合规范、毕业设计符合行业企业、毕业作品符合市场需求等具体指标。

3)提交评价意见

进入前期“被调查单位信息导入表”中填写的邮箱，打开链接，填写答卷(所有必答题必填，否则无法成功提交)，按下“提交”即可完成调查；填写毕业设计(论文)教学质量评价表，提交给被评价教师所在学院的教学秘书。与被评价老师进行课后交流，按照 1∶1∶1 的原则(1 个优点、1 个不足、1 项关键改进建议)及时反馈意见。

4)了解评价结果

参与调查评价的企业代表可以通过“实习单位”身份进入评价系统了解评价结果，查看所有问卷发布回收情况、答卷结果、数据统计和趋势分析等数据。

码上看指南

4. 雇主满意度评价

常见的雇主满意度评价的基本方法包括：教学和课程档案袋、现场观察、部门教学研讨、辅导和指导、访谈对话、反馈备忘录与调查报告。评价前期准备、雇主参与评价、提交评价意见、了解评价结果是企业参与满意度评价的通用程序。

1)评价前期准备

熟悉雇主满意度评价标准;填写被调查单位信息导入表,并在指定时间内提交。

2)雇主参与评价

研读满意度调查评价指标,关注“岗位表现力满意度”和“招聘竞争力满意度”两大一级指标;聚焦“沟通与团队合作能力”“承压与情绪管理能力”“组织能力”“主动学习能力”等职业素质的具体指标,以及“个人应聘表现或工作价值观”“学习情况或职业资格证书”等岗位竞争力的具体指标。

3)提交评价意见

进入前期被调查单位信息导入表中填写的邮箱,打开链接填写答卷,按下“提交”完成调查。

4)了解评价结果

通过“雇主”身份进入评价系统了解评价结果,查看答卷结果和各类分析数据。

码上看指南

5. 专业办学水平综合诊断评价

常见的专业办学水平综合诊断评价的基本方法包括:教学和课程档案袋、现场或课堂观察、部门教学研讨、辅导和指导、访谈对话、问卷调查、反馈备忘录、自评报告、结果目标对比法。了解第三方评价机构工作程序、熟悉评价专业所在学校工作指南、掌握企业评价专家工作指南是企业参与专业办学水平综合诊断评价的常见程序。

1)第三方评价机构工作程序

第三方评价机构工作程序包括:审核专业申请评价资格,审核专业基本材料,开展雇主、学生满意度调查,组建企业专家团队,审核专业自我诊断材料,组织企业参与网上评价与实地考查,召开专业改进方案反馈会,监督专业年度改进进度与效果等。此外,第三方机构制定评价程序框图及进程表,规范评价委员会如何从受理申请到跟踪实施评价后的年度改进成效等一系列工作程序。

2)评价专业所在学校工作指南

评价专业所在学校工作指南包括:审核专业评价材料、组织专业自我诊断、保障企业专家参与网上评价、进行实地考查、召开专业改进方案反馈会、跟进专业实施改进年度成效等。从学校的角度规范专业如何从申请评价到跟踪实施评价后的年度改进成效是否达标等一系列工作程序,以及在这一过程中需要填报的各类表格、准备的相关佐证材料等规范性文档。

3)企业评价专家工作指南

企业评价专家工作指南包括:参与网上评价、参与实地考查、参加专业改进方案反馈会、学习专业评价方法与典型案例等。从企业专家的角度规范评价职责、掌握如何应用教学和专业档案袋、专业观察、部门专业研讨、外部同行评议、自评报告、反馈备忘录等评价工具参与评价,还包括在这一过程中需要填报的各类表格等规范性文档。如“专业基本状态表”“课程合理(符合)性反思表”“专家评价意见表”“专业自我诊断表”“专业改进实施进程表”等专业及企业专家需填报的各类表格。

码上看指南

二、独立与混合：评价机构的“一站式”组建模式

程序的规范、全面等不意味着评价实施过程的正确。评价评价程序最基本的也是最主要的标准就是实践的事实，这是第一性的问题。通过研究评价组织机构的“一站式”组建形式聚焦行业企业对毕业生的需求、聚焦对学生核心能力培养的支持度来评价程序的规范性与合理性，使企业参与专业教学评价的事实符合专业评价的教学价值，成为专业改进教学、教师改进教学行为的“造血细胞”。

1.“一站式”评价组织机构的内涵

“一站式”评价组织机构是由第三方评价机构牵头，学校教学管理部门参与，行业教学指导委员会协助，组织评价的所有人按照标准，遵循程序开展评价工作的机构。“一站式”评价组织机构通过组建具体的评价实施部门，从研制评价标准、规范制度保障、组建专家库、到受理评价业务等开展“一条龙”专业评价服务，形成第三方评价机构对专业材料形式审核、组织专家按照标准评价、协同多方共同制定改进方案、共同保障企业深度参与评价的机制。

2.“一站式”评价组织机构的组建

“一站式”评价组织机构可以结合实际情况采用独立型和混合型两种不同的组织模式。独立型由非甲方非乙方的社会组织机构组织开展评价，类似专业公司评价模式；混合型实际上是专家团队评价模式，由参与评价各方主体组建评价联合体作为决策机构并选派代理人，各方主体按照专业领域和约定作为指导机构、执行管理机构、审核监督机构。

在不同的组织模式中，不同组织在“一站式”评价组织机构中的定位可以是灵活的。在实证研究时，有学校在职教集团成立了第三方评价专业委员会，并与行业教学指导委员（简称行指委）会合作，建立了学校—职教集团—行指委“一体化”保障企业参与专业教学评价的混合制“一站式”第三方机构。由第三方评价专业委员会建立对职教集团内各专业定期评价、集团外各专业申请评价的分类规范管理制度（见【拓展 7】）。【拓展 7】中的案例，集团内 13 个专委会的 52 家企业长期与集团内各高中职院校开展校企合作，企业参与教学评价的行为特征偏向主动实践型和技术牵引型两类，按照本章第一节的内容，在全链式参与专业教学评价的过程中，多数或是“带角色入剧”的主角，或是“带技术入股”的制片人，但都不影响“一站式”评价组织机构的高效运转。组织机构内的职教集团、高职院校、行业教学指导委员会共同开发，制作企业参与专业评价的系列指南、指引等“码上学”的数字化培训资源，打造灵动的自学习评价培训体系（见【拓展 8】）。

【拓展 7】 职教集团—行业教学指导委员会—学校“一站式”评价机构

××职业技术学院作为××国家示范职教集团理事长单位，牵头成立了“第三方评价委”。委员会由××轻工联合会会长任主任委员，学校教学督导室主任任副主任委员，校外吸纳集团内 13 个专委会的 52 家企业和××省轻工联合会的 150 多名企业专家任“第三方评价委”委员，校内依托教学督导室作为第三方评价委执行单位，由集团每年拨付专项

经费,在行业教学指导委员会的指导和监督下,研制评价标准,规范保障制度,组建专家库,受理评价业务,“一站式”推动企业参与专业教学评价的协同化运作与高效反馈,见图 3-2。

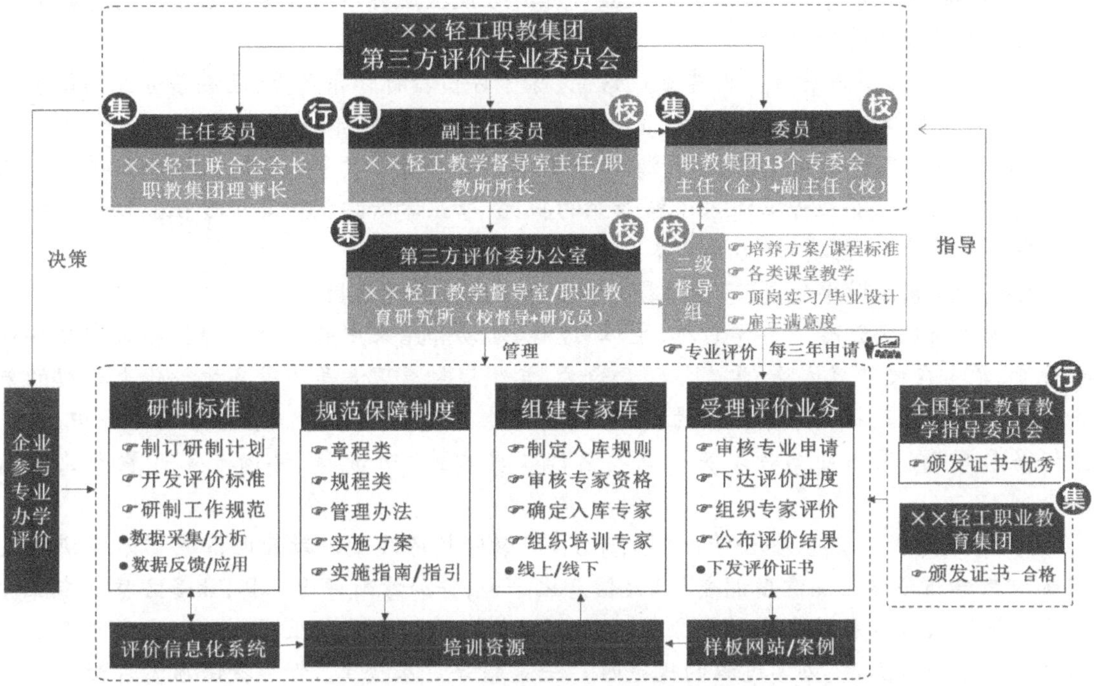

图 3-2　“一站式”评价机构组织运行图

【拓展 8】　“一站式”评价机构组织企业深度开展专业办学综合水平诊断评价①

×× 职业技术学院作为 ×× 国家示范职教集团理事长单位,协同全国 ×× 行业教学指导委员会、广东省 ×× 联合会,组建“一站式”评价机构组织,提升市场权力在专业办学质量保障方面的话语权。

1. 关注服务对象体验,构建企业参与专业诊断的评价体系

企业参与专业诊断是从专业面向的岗位及岗位群对培养人才的目标达成度,为改进和提升教学质量开展的专业评价。诊断评价体系坚持“三结合”的原则:结果性指标与过程性调查相结合、定量调查结果与企业专家经验相结合、学生“学”的产出评价与学校“教”的状况相结合,以学生、雇主等在学习或用人过程中体验为重点来诊断专业人才培养质量。

(1)建立评价指标体系。考虑到参与专业诊断评价的企业界专家与教育界专家对专业办学认知广度和深度差异性的客观存在,按照多层次分析法,通过访谈、专家咨询等方法从师资队伍(双师比例、职称结构、教师授课质量)、招生学习与就业(招生指标完成率及报到率、考试通过率、毕业生初次就业率及年底就业率)、服务对象满意度(学生在校学习体验、学生招聘竞争力、学生岗位表现竞争力)、技能竞赛或创新创业大赛(加分项,包括国家级及

① 李青,袁宜英,等. 企业参与专业诊断的探索与实践[J]. 中国职业技术教育,2018(11):88-91.

以上奖项、省级奖项及以下奖项)4个维度筛选出符合企业认知的KPI指标,并以学生、雇主等在学习或用人过程中体验为重点来诊断专业人才培养质量。可定量计算的指标,采取"结果—目标对比法",按照计算公式直接计算打分或按照标准结合专家经验进行先赋分后计算的原则对专业进行评价。

(2)构建专业诊断方案。对专业的诊断,除了评价指标体系之外,还涵盖专业的诸多方面,如办学历史、特色和质量保证体系概况;人才培养质量目标、面向的岗位群和对应的产业;招生、就业和服务的质量;教学资源、校企合作和社会竞争力;发展潜力、面临的苦难和未来期望等。为方便企业专家深入了解专业的状况,专业诊断方案除要求专业提供评价指标体系中的材料外,还需填写"专业基本状态表"等其他信息。

2. 整合质量监控平台,打造企业参与专业诊断的信息化工具

专业诊断应关注专业办学目标、主体、过程、活动和结果中的证据。评价指标中教师授课质量、学生在校学习体验、学生招聘竞争力、学生岗位表现竞争力等多方评价大数据的采集需要信息化手段提高采集数据的原始性、客观性、准确性和及时性。在诊断方案中,评价指标多采用"结果—目标对比法",需要智能工具在线"听诊器"协助专家开展专业诊断评价。

(1)确定诊断工具。整合学校自主开发的"教师授课质量评教管理系统""雇主满意度调查""教学质量学生满意度调查"三大信息化平台,作为诊断评价工具,让多方参与专业评价的大数据从过程积累走向趋势分析,"校、企、学"融合,便于专业团队和企业专家理性分析办学目标的达成度、办学过程的规范性。一是结合广东轻工"教师授课质量评教管理系统"对专业教师授课质量的历史评价结果,对师资队伍的授课质量整体水平进行评价。二是结合学校现有质量监控跟踪平台,对被评价专业进行"雇主满意度调查""教学质量学生满意度调查"。

(2)组织在线诊断。考虑评价方法涉及统计计算,为辅助专业团队和企业专家按照评价指标体系评分,课题组用EXCEL开发了在线"听诊器",将采取"结果—目标对比法"的评价指标按照计算公式预设在打分表中,可自动输出评价结果,帮助专家轻松诊断。专家通过邮件,结合被诊断专业提供的结果性数据和其他资料,拿起"听诊器"进行专业诊断评价。

3. 协同多方组织,建立专业化企业评价专家团队

(1)建立专家库。"第三方评价专业委员会"委托"第三方评价委办公室"制定专家遴选标准,由"第三方评价专业委员会"委员推荐符合条件的企业代表作为专家库入库成员。"第三方评价委办公室"根据专家遴选标准对推荐专家进行审查,组织符合要求的企业专家参加培训,达到标准再进入专家库,参与评价的企业专家从专家库中抽取。

(2)组建专家组。评价专业时,"第三方评价委办公室"根据评价专业涉及的行业领域在专家库中随机抽取专家5~7人,成立专家组。专家组诊断专业既要保持中立性和超然地位,又要坚持发展性和服务性,由"第三方评价委办公室"即××职业技术学院教学督导室负责组织对专家的培训,让企业专家了解评价的程序及有关注意事项。

4. 自我诊断与企业参与,探索专业评价新模式

企业参与专业诊断评价是一个强调不断收集数据、分析数据、应用数据、改善教学的持续性过程,目的是驱动测量结果并应用于课程的整合、专业人才培养方案的调整等方面,在下一轮评价中再次测量其变化，以达到不断改善教学、帮助学生实现个体价值发展、满足企业用人需求的目标。课题组从学校9个一流高职高水平建设专业中遴选出3个专业，分两批试点实施方案，持续迭代。通过试点，课题组进一步完善了企业参与专业诊断的实施步骤：组织开展学生、雇主满意度调查→专业梳理诊断评价资料→专业自我诊断→企业专家评价（按照评价体系）→评价意见反馈→专业制定改进措施，形成了“自我诊断+企业参与”的专业诊断实施模式。

（1）专业自我诊断。专业团队依据评价方案，“三步法”开展自我诊断。一是组织开展学生、雇主满意度调查。如应用学校“教学质量学生满意度调查系统”对专业应届毕业生开展调查，内容涉及课程学习环境、课程学习体验、技能训练过程、学习成果与发展等6个分指标。应用“用人单位满意度调查系统”对学生就业单位开展调查，内容涉及“学生招聘竞争力”（包括：薪酬、职业资格证书、应聘表现等4个分指标）和“学生岗位表现竞争力”（包括：服从管理、敬业勤奋、专业知识与技能、解决问题等10个分指标）。二是组织专业梳理诊断评价资料，特别是反思课堂教学质量，如通过学校“教师授课质量评教管理系统”分析专业教师近三年授课质量状况。三是组织专业按照评价方案自我诊断。

（2）企业参与诊断。课题组协同“评价委员会”从企业专家库中抽取企业专家，组织专业诊断。企业专家的诊断评价由三部分组成。一是依据学校职能部门提供的双师比例、职称结构、招生学习与就业、学生竞赛获奖等数据、依据广轻“教师授课质量评教系统”导出的专业教师团队授课质量数据，按照计算公式或评价标准进行赋分；二是，依托“教学质量学生满意度调查系统”“雇主满意度调查系统”的调查结果，专家结合自身经验对办学过程中学生学习体验各项指标的重要性及专业面向的岗位及岗位群所需的各项职业素质重要程度进行赋分，再按照加权平均的方法计算评分。三是专家根据被评价专业提供的其他资料，按照信息化平台数据，结合详细的调查问卷及自身经验，从4个维度对专业进行诊断评价，撰写诊断评价要点。

（3）共定改进方案。企业专家将诊断结果反馈给“评价委员会”。课题组按照两段法实施“会诊”。一是“评价委员会”收齐企业专家组个人诊断意见后，反馈给专业团队，专业团队成员共同研究企业专家的建议。二是“评价委员会”组织召开现场会，专业团队与企业专家一起锁定办学短板、拓展长板长度，共定核心改进要素、共定专业改进方案。

第三节　评价规章制度“一揽子”的制定规范

组织制度是企业参与专业评价的基础保障，运行与考核等规章制度是企业参与专业评价的核心保障。理性本身就是社会进化的产物，规章制度作为秩序的一种型构，它所具备的理性是有限度的。因此规章制度在某一时段维持的这种秩序，都是基于过往经验对未来事物发展的预测而制定的有限理性下的行为规则。

沿袭评价链上5个阶段的7个教学关键环节，组织专业、吸纳企业、依托行业，建立章程类、规程类、管理办法、实施方案、指南指引等从“一揽子”制度，“一体化”规范企业参与评价的行为、“一条龙”服务企业“真”参与，才能将专业评价规律转化为企业参与教学实践。

一、组织框架:章程与规程

1. 章程的界说、属性与种类

章程是组织、社团、单位经特定的程序制定的关于组织规程和办事规则的法规文书,是一种根本性的规章制度。

章程最突出的属性就是稳定性和约束性。章程是组织、团体、单位的基本纲领和行动准则,在一定时期需稳定地发挥其根本制度的作用,如需更正或修订,应按照特定的程序履行相关手续,组织全体成员或其代表经审议表决后通过。对于社会组织或工作单位开展业务工作的章程,更是处理业务的基本准则,需保持相对的稳定性,这就是章程的稳定性。此外,章程作用于组织内部,依靠全体成员共同实施,不是由国家强制力予以推行,而是组织、团体、单位及其下属成员按照章程的约定条款执行,具有规范作用和强制约束力。

章程的种类包括组织章程和业务工作章程两类。组织章程由各类社会组织制定,用以对本组织的性质、宗旨、任务、机构、人员构成、内部关系、职责范围、权利义务、活动规则、纪律措施等做出明确规定,如《××公司章程》等。业务工作章程由有关企事业单位制定,目的是阐明其业务性质、运作方式、基本要求、行为规范等,以保障业务在章程的框架内有序开展,如《××学院办学章程》。

第三方评价专业委员会作为评价的组织者,需要制定委员会章程,界定第三方评价委员会组织评价的性质和宗旨,工作职责和委员的构成、任职条件、任职期限、权利义务,以及议事规则等内容(见【拓展9】)。

【拓展9】 第三方评价专业委员会章程

第一章　总则

第一条　为适应国家经济发展和产业转型升级、服务国家创新驱动发展战略和中国制造2025的需求,依据《国务院关于加快发展现代职业教育的决定》《建设产教融合型企业实施办法》《深化新时代教育评价改革总体方案》文件精神,进一步深化专业产教深度融合,不断提升专业人才培养质量,特制定本章程。

第二条　第三方评价专业委员会(以下简称"评价委员会")致力于促进职业院校人才培养与工科类专业"自我诊断+专业参与"的研究与探索,让专业人才培养质量更好地适应经济社会发展的快速变化。

第二章　主要职责

第三条　评价委员会是组织专业开展"自我诊断+企业参与"的最高评价机构,统筹负责评价事务的决策、审议、评定和咨询等事项。

第四条　评价委员会指导专业发展规划和专业人才培养方案,并对其提供咨询意见。对评价专家队伍建设、对职业教育的创新型人才的培养中涉及的科技问题进行研究,提出建议。

第五条　评价委员会指导专业诊断与改进工作。通过制定实施规划、建立诊断标准与改进制度、依托信息化技术手段实现专业办学数据的监测、分析与预警。

第三章　委员会组成

第六条　评价委员会由校内专家和企业专家组成,设主任委员 1 名,副主任委员 1 名,委员若干。

第七条　主任委员和副主任委员一般由全体委员选举产生(或其他方式),委员由学校专业和合作企业推荐产生或其他方式。

第八条　评价委员会委员由高级专业技术职务或同等职务的代表担任,且符合以下任职条件:

(一)遵守委员会章程,学风端正、治学严谨、公道正派;

(二)在专业领域已取得公认的专业成果,有良好的业绩声誉;

(三)关心专业建设和发展,熟悉教育教学规律,有主动参与评价的意愿,能够正常履行职责。

第九条　评价委员会委员实行任期制,每届任期五年,委员可连选连任。

第十条　评价委员会委员享有以下权利:

(一)可查询提取与专业评价事务相关的信息等;

(二)就专业评价事务向学校相关职能部门提出咨询和质询;

(三)在评价委员会会议中自由、独立地发表意见,讨论、审议和表决各项决议;

(四)对评价委员会的工作及专业评价事务提出建议、实施监督。

第十一条　评价委员会委员应履行以下义务:

(一)遵守国家宪法、法律和法规,遵守评价相关规范,恪守评价道德;

(二)遵守评价委员会章程,坚守评价价值判断,公正履行职责;

(三)勤勉尽职,积极参加评价委员会会议及有关活动;

(四)不接受与被评专业涉及经济利益的任何活动,如有违反,将采取更换、除名等措施。

第四章　议事规则

第十二条　评价委员会设立秘书处,作为常设办事机构在主任委员领导下工作。秘书处设在质量监测与评估中心,秘书长由该部门负责人兼任。

第十三条　评价委员会实行例会制,每年至少召开 1 次全体委员会议。经主任委员或三分之一以上委员联名提议,可临时召开评价委员会全体会议。

第十四条　评价委员会主任会议由主任委员根据需要召集。会议成员由主任委员、副主任委员、秘书长以及其他相关人员组成。评价委员会讨论、评审、审议重大评价工作及相关问题时,可邀请与讨论内容相关的学校职能部门、二级单位负责人列席并参与讨论,充分听取各方意见。

第十五条　评价委员会按照少数服从多数原则决定事项,重大事项须经与会委员三分之二以上通过。委员在咨询、评议、评估过程中,应客观公正,遵守纪律,并按有关要求做好保密工作。

第十六条　评价委员会审议、决定或者评定的事项与委员本人及其配偶或直系亲属有关,或者具有利益关联的,相关委员应当回避。

第十七条　评价委员会做出的重大决定,相关单位和当事人如有异议或分歧,可提出复议申请；复议请求征得委员同意后，提交评价委员会复议，复议决定为最终决定。

第五章　附则

第十八条　本章程由第三方评价委员会秘书处负责解释。

第十九条　本章程自发布之日起施行。

2. 规程的界说、属性与构成要素

规程是指将工作程序贯穿一定的标准、要求的规定，是机关、工厂、学校、科研单位等对某种政策、制度等制定规定条文时所使用的非正式公文，凡初建一个部门、单位都应该先制定一个行之有效的规程。

与章程相比，规程不是严格意义上的法律，属于行政规范性文件的范畴，涉及的范围较广。它和行政规范性文件一样，具备“法”的某些属性、能够产生“法”的某些效果和效力，但效力有限。规程由标题、日期和正文 3 个部分组成。通常正文的语言，要明确、具体、精练，篇幅越短越好，以便贯彻执行。

第三方评价专业委员会作为评价的组织者，需要在章程的框架下，通过规程界定委员会的工作职责、执行事权的工作程序和议事规则等（见【拓展 10】）。

【拓展 10】　第三方评价专业委员会工作规程

第一章　总则

第一条　为适应国家经济发展和产业转型升级、服务国家创新驱动发展战略和中国制造 2025 的需求，依据《国务院关于加快发展现代职业教育的决定》《建设产教融合型企业实施办法》《深化新时代教育评价改革总体方案》文件精神，依据《××职教集团第三方评价专业委员会章程》《××职教集团专业人才培养质量第三方评价实施方案》，从“教育+企业”的视角促进专业的自我诊断与持续改进，不断提升专业人才培养质量，特制定本章程。

第二条　第三方评价专业委员会（以下简称“评价委员会”）致力于促进职业院校人才培养与工科类专业“自我诊断+专业参与”的研究与探索，通过“引企评教”促进专业设置与产业需求对接、课程内容与职业标准对接、教学过程与生产过程对接，让专业人才培养质量更好地适应经济社会发展的快速变化。

第二章　主要职责

第三条　评价委员会是组织专业开展“自我诊断+企业参与”的最高评价机构，统筹负责评价事务的决策、审议、评定和咨询等事项。

第四条　评价委员会指导专业发展规划和专业人才培养方案，并对其提供咨询意见。对评价专家队伍建设、对职业教育的创新型人才的培养中涉及的科技问题进行研究，提出建议。

第五条　评价委员会指导专业诊断与改进工作。通过制定实施规划、建立诊断标准与改进制度、依托信息化技术手段实现专业办学数据的监测、分析与预警。包括以下工作。

（一）制定评价原则，保证评价最终为提升专业人才培养质量服务。坚持“四结合”原则，即客观评价与主观评价相结合、学生学习评价与教师教学评价相结合、数据分析与专家经验相结合、服务决策与注重实效相结合。

（二）建立评价标准体系，诊断专业的办学水平和可持续发展能力。通过调研访谈、比较筛选、专家咨询等方法确定核心评价指标，建立评价标准体系。

（三）开发信息化评价平台，探索建立“产教学”深度融合的专业诊断性评价新机制。以满足学生、教师、雇主的需求价值为逻辑起点，应用信息技术诊断学生学习行为表现、知识技能、职业社会能力、就业信心与招聘竞争力，评价专业是否面向岗位及岗位群的新工艺、新技术、新设备培养高素质技术技能型人才。

（四）组织评价及实施过程，按照资格预审、组织调查、遴选企业专家、组织网上评审、反馈评价结果等程序开展工作。

第三章　委员会组成

第六条　评价委员会由校内专家和企业专家组成，设主任委员1名，副主任委员1名，委员若干。

第七条　主任委员和副主任委员一般由全体委员选举产生（或其他方式），委员由学校专业和合作企业推荐产生或其他方式。

第八条　评价委员会委员由高级专业技术职务或同等职务的代表担任，且符合以下任职条件：

（一）遵守委员会章程，学风端正、治学严谨、公道正派；

（二）在专业领域已取得公认的专业成果，有良好的业绩声誉；

（三）关心专业建设和发展，熟悉教育教学规律，有主动参与评价的意愿，能够正常履行职责。

第九条　评价委员会委员实行任期制，每届任期五年，委员可连选连任。

第十条　评价委员会委员在任期内有下列情形，可免除或同意其辞去委员职务：

（一）主动申请辞去委员职务的；

（二）因身体、年龄及职务变动等原因不能履行职责的；

（三）怠于履行职责或者违反委员义务的；

（四）有违法、违反教师职业道德或者评价不端行为的；

（五）因其他原因不能或不宜担任委员职务的。

第十一条　评价委员会委员享有以下权利：

（一）可查询提取与专业评价事务相关的信息等；

（二）就专业评价事务向学校相关职能部门提出咨询和质询；

（三）在评价委员会会议中自由、独立地发表意见，讨论、审议和表决各项决议；

（四）对评价委员会的工作及专业评价事务提出建议、实施监督。

第十二条　评价委员会委员履行以下义务：

（一）遵守国家宪法、法律和法规，遵守评价相关规范，恪守评价道德；

（二）遵守评价委员会章程，坚守评价价值判断，公正履行职责；

（三）勤勉尽职，积极参加评价委员会会议及有关活动；

（四）不接受与被评专业涉及经济利益的任何活动，如有违反，将采取更换、除名等措施。

第四章 议事规则

第十三条 评价委员会设立秘书处,作为常设办事机构在主任委员领导下工作。秘书处设在质量监测与评估中心,秘书长由该部门负责人兼任。

第十四条 评价委员会可根据需要成立若干常设或临时性的评议组、评审组和专题组。

第十五条 评价委员会实行例会制,每年至少召开1次全体委员会议。经主任委员或三分之一以上委员联名提议,可临时召开评价委员会全体会议,商讨、决定相关事项。主任委员可以根据工作需要不定期召开专门会议,包括专题咨询会、评估、评审会等。

第十六条 需要评价委员会评议、审议相关事项时,一般须提前7天将议题上报委员会秘书处,并准备好会议的有关资料(包括申报材料、申报项目及情况汇总表、评审要求及文件等)。

第十七条 除紧急情况外,评价委员会秘书处须在会议召开前,将议题和材料送达相关委员。

第十八条 评价委员会主任会议由主任委员根据需要召集。会议成员由主任委员、副主任委员、秘书长以及其他相关人员组成。评价委员会讨论、评审、审议重大评价工作及相关问题时,可邀请与讨论内容相关的学校职能部门、二级单位负责人列席并参与讨论,充分听取各方意见。

第十九条 评价委员会全体会议应有不少于三分之二的委员出席方能举行。根据民主集中制的原则采取投票方式表决事项,与会者应有三分之二及以上同意,方为通过。

第二十条 评价委员会按照少数服从多数原则决定事项,重大事项经与会委员三分之二以上通过。委员在咨询、评议、评估过程中,应客观公正,遵守纪律,并按有关要求做好保密工作。

第二十一条 评价委员会审议、决定或者评定的事项与委员本人及其配偶或直系亲属有关,或者具有利益关联的,相关委员应当回避。

第二十二条 评价委员会的决议、决定,应在5个工作日内由秘书处向会议提议者书面反馈。

第二十三条 评价委员会做出的重大决定,相关单位和当事人如有异议或分歧,须在5个工作日内提出复议申请;复议请求须征得不少于三分之一的委员同意后,提交评价委员会复议,复议决定为最终决定。

第五章 工作程序

第二十四条 评价委员会组织评价的工作程序包括:审核专业申请评价资格、审核专业基本材料,开展雇主、学生满意度调查,组建企业专家团队,审核专业自我诊断材料,组织企业参与网上评价与实地考查,召开专业改进方案反馈会,监督专业年度改进进度与效果等。

第二十五条 企业评价专家参与评价的工作程序包括:参与网上评价、参与实地考查、参加专业改进方案反馈会、学习专业评价方法与典型案例等。

第六章 附 则

第二十六条 本章程由第三方评价委员会秘书处负责解释。

第二十七条 本章程自发布之日起施行。

二、运行制度：管理办法与实施方案

1. 管理办法的界说与属性

管理办法是一种规定，是用来约束和规范市场行为、组织活动等的规章制度，与规程相比，涉及的范围更加具体。管理办法具有法律的效力，是根据宪法、法律、章程、规程等上位法制定的、从属于法律法规的规范性文件。管理办法一般包括业务性质、基本要求、工作任务、运作方式、行为规范等，保障在章程、规程限定的框架内开展业务。

作为第三方评价专业委员会的执行机构，教学督导室的教学督导工作是企业参与专业教学日常过程性评价的重要组成部分，需要在章程、规程的框架下，明确工作原则与工作任务，任职条件和工作职责，以及工作考核与奖励等（见【拓展 11】）。

【拓展 11】　××职业技术学院教学督导工作实施管理办法

第一章　总则

第一条　为进一步强化教学工作的中心地位，进一步提高学校教学质量和办学水平，规范教学过程管理和教学督导工作，特制定本细则。

第二条　教学督导工作是学校对全校教学运行，教学质量实施科学管理的一项重要举措，教学督导室是学校教学质量的监督机构，负责全校教学质量监控工作。

第三条　教学督导对全校教学质量开展调研、检查、监督、评估、反馈及督促改进，以促进全校教风、学风建设，持续改善学校人才培养质量及管理水平。

第四条　学校设立“校级—二级教学单位”两级督导机构。校级督导由学校聘任、教学督导室领导；二级督导由二级教学单位党政工学团领导班子确定，二级督导组组长领导。校级督导组负责组织、协调二级督导组的工作，二级督导组负责组织实施所在单位的教学督导工作，必要时两级督导可联合组织各种形式的督导活动。

第二章　工作原则与工作任务

第五条　教学督导的工作原则。

（一）多元参与原则。针对人才培养质量的过程、结果、保障三个关键环节，从制度层面吸纳“学校（督导）—学生—教师—雇主（企业）”协同参与质量监控，从多维视角聚焦督导学校短板问题。

（二）立足一线原则。教学督导深入课堂、实训、实习场所等教学一线开展听课、巡查、调查、研讨等工作，充分掌握学校教学一线情况。

（三）客观评价原则。结合评价标准、根据评价对象特点，实事求是评价教师授课质量、学生学习效果、教学保障实施、管理制度运行等，力争做到公正、准确、有效。当评价意见出现分歧时，坚持采用跟踪调查、数据分析等办法取得一致意见。

（四）注重实效原则。对教师、教学单位、保障部门等出现的各类事故，从教师授课提升、部门工作整改、管理制度完善等方面督促改进。

第六条　教学督导的工作任务。

（一）授课评价。教师授课质量评价是教学督导的重点工作，根据新教师、授课评价分值落后等教师专业成长特点，必须坚持全面听课、集体听课、专项听课相结合。

（二）教学巡查。教学巡查是教学督导的常规工作，包括对教风、学风、教学保障条件等的教学巡查，必须坚持日常巡查、重点巡查、专项巡查相结合。

（三）教学检查。教学检查是教学督导的重点工作，包括对教师备课情况、作业布置及批改讲评情况、考试命题及阅卷情况、成绩记录及成绩评定情况等，特别是顶岗实习检查，必须坚持重点抽查、专项检查相结合。

（四）专项调查。专项调查是教学督导的基础工作，特别是学生、教师、雇主（用人单位）满意度调查，必须坚持数据分析与经验判断相结合。

（五）信息反馈。信息反馈是教学督导的基础工作，收集筛选学生、教师、企业在座谈会、学生信息圈、微信端、专项调查、专业评价等不同途径反馈的各类信息，采用反馈单、专项报告、监控月报、数据发布等措施反馈，必须坚持多途径与精准反馈相结合。

（六）督促改进。督促改进是教学督导的难点工作，加强对教师、教学单位、保障部门质量事故的处理力度，从教师授课提升、部门工作整改、管理制度完善等方面督促改进。

第三章　任职条件与工作职责

第七条　教学督导的任职条件。

（一）校级督导由教学或管理经验丰富、掌握一定的教育理论、爱岗敬业、身体健康的现职或退休的副高级及以上职称的成员组成（包括行业或企业代表）。

（二）二级督导由二级教学单位主管教学负责人、专业带头人、企业代表组成（每专业至少 1 名）及教学骨干组成，组长由党政一把手担任，成员报学校教学督导室备案。

第八条　教学督导应牢固树立良好的职业道德，公平、公正，不徇私情。在开展工作时，应按规范要求做好工作记录并定期将各类教学质量信息提交给教学督导室。

第九条　校级督导组的工作职责。

（一）制定全校质量监控目标，定期测评目标的达成度。负责年度、学期教学督导工作计划的制订并组织实施。

（二）制定理论、实训（实验）、顶岗实习等教师授课质量评价标准并组织学生、二级督导（同行）对教师授课质量进行测评，按照《教师授课质量考核评价管理实施办法》，定期提交教师授课质量考核评价结果。

（三）制定学生、教师、雇主（用人单位）满意度评价标准并与二级督导组协同开展调查，定期提交调查结果。

（四）建立信息反馈机制，将学生、教师、用人单位的评价及听课、巡查发现的问题作为反馈信息源，学校人才培养各环节的职能部门及其实施者为反馈信息接收点，定期统计、分析有关质量信息并向信息接收点反馈。

（五）建立教学过程与结果相结合的监测分析机制，针对督导工作中发现的问题，通过个人访谈、师生座谈会、问卷调查、专项调研、抽查有关教学资料等措施锁定短板问题，并向学校领导及有关部门提出书面（或口头）的建议意见，作为决策参考。

（六）组织二级督导协同开展公开课、教学竞赛、教学巡查、教学检查、顶岗实习调查、典型案例展等工作，帮助二级督导组根据自身特点形成各自督导特色。

第十条　二级督导组的工作职责。

(一)结合本部门工作情况,定期开展各类教学竞赛、教学观摩等活动,每学期制订督导工作计划并及时总结上学期工作开展情况。

(二)组织开展同行评教,深入课堂、实践场所听课并对听课对象做出综合质量评价。每学期将本部门授课教师评价结果录入《教师授课质量评教管理系统》,并填报《教师教学质量评价汇总表》。

(三)定期组织本部门新生签署《教师授课质量诚信评价承诺书》,将学生诚信评教纳入素质教育。

(四)定期组织本组成员开展教学巡查、教学检查等,及时了解在课程安排、学生成绩评定、教材选用等方面存在的问题,制定整改措施并持续跟踪改进效果。

(五)两级督导协同,定期组织开展"学生满意度调查""顶岗实习单位评教评学调查""教师满意度调查"等,根据调查发现的问题,制定整改措施并持续跟踪改进效果。

(六)及时收集、整理、汇总、分析、处理各类教学质量数据或信息,按要求填报《二级督导学期工作总结与计划表(见表3-1)》。针对学生评价分数低的课程,集体分析、制定解决方案并跟踪改进效果。

第十一条　两级督导听课要求。

(一)校级督导。原则上每人每周听课不少于8学时,每次听课后,应与任课教师交流听课建议(原则是1 : 1 : 1,即反馈1个优点,1个缺点,1个改进建议),填写"听课记录"并按课程类型填写"教师授课质量评价表"。

(二)二级督导。按照教务处听课制度安排听课时数。每次听课后,填写"听课记录"并按课程类型填写"教师授课质量评价表"。

(三)实施分类听课。按照学校《教师授课质量考核评价管理实施办法》,督导对"正常授课""限制授课""暂停授课"三类教学人员实施分类听课。

(1)"正常授课"教师。学校分管督导、二级督导随机听课,每学期至少听课1次。

(2)新教师、"限制授课""暂停授课"教师。新教师、"限制授课"教师任课当期、"暂停授课"教师恢复任课当期,由校级督导组组长每月听课1次,学生信息员每月向组长反馈1次,集体听课1次。若当期期末评价属于"正常授课"人员,下学期纳入常规听课;若当期期末评价属于"限制授课""暂停授课"人员,反馈给二级督导组组长,二级督导组指定专人每月听课1次,集体听课1次,直至纳入"正常授课"范畴。

第四章　工作考核与奖励

第十二条　教学督导室对二级督导组的考核纳入学校整体考核指标,不再单独考核。如需单独考核,须与二级督导组协商共同制定考核标准体系。

第十三条　二级督导组每年按照学校有关文件,及时向校级督导推选"课堂教学质量优秀奖""教学督导先进工作者"获奖名单。教学督导室按相关文件对"课堂教学质量优秀奖""教学督导先进工作者"获奖个人予以表彰。

第五章　附则

第十四条　两级教学督导在开展工作时,有权调阅各种教学文件、资料,包括教师的教学大纲、教材、讲稿、教案、教学进度表等资料,有关单位和个人应积极配合。对教学督导提出的意见和建议,有关单位应予以重视,并及时答复。

附件

表 3-1　××二级督导学期工作总结与计划表

日期		学期	~	填报人	
常规工作	1. 种子计划 ①开展了初级自评，初级自评率______（目标 100%）。 ②教研室组织了种子计划教师自评研讨会：是□，否□；有无深度自评典型教师案例推广的材料（推广活动照片、新闻报道、教研专项活动等）：无□，有□；深度自评率______（20××年目标>66%）；填报“种子计划”专项教师自评工作信息表。 2. 同行听课评课教研活动 ①每学期按计划要求开展同行评教活动：是□，否□；同行评教率________。 ②教研活动中有____次用于“种子计划”教师自评研讨；填报同行评教情况统计表*（每学年第二学期填一次）。 ③按时向“教师授课质量评教管理系统”填报同行评教分值并对新增教师填写同行评语：是□，否□。 3. 教学授课质量 ①教师授课质量评价：本单位三方综合评价平均分值为____；专任教师排名前三的教师是：______、______、______；专任教师排名后三的教师是：______、________、________；填报教师教学质量同行评价汇总表（每学期填一次）。 ②学生评价 80 分以下教师：无□，有□：请依次罗列出教师姓名、课程名称、学生评分、主要问题。 ③对排在后三位的教师开展集体听课并有集体听课评价意见及建议：无□，有□；填报后三名教师集体听课评价表。 4. 服务对象满意度 ①社会参与评教率____%（目标：评教率≥60%）；填报社会参与评教统计表*（每学年第二学期填一次）。 ②二级督导参与顶岗实习调查：无□，有□：__次；参与现场巡查：无□，有□：__次 ③企业参与课堂教学、顶岗实习等专项督导活动的材料（参与活动照片、新闻报道等）：无□，有□；填报企业参与教学评价信息表。 5. 二级督导工作质量 企业督导参与专业评价的项目数__项。 6. 教学事故发生率 ①重大教学事故发生：无□，有□：__次；②较大教学事故发生：无□，有□：__次；③一般教学事故发生：无□，有□：__次；④各类教学质量事故投诉受理率____%					
其他工作	（1）督促学风建设情况：如日常巡查次数____、迟到率___、旷课率______、期末考试通过率____等。 （2）教学竞赛及公开课情况：如公开课____次、教学实践观摩____次、教学竞赛______次等				
改进计划	对于没有达到目标值或自我分析认为属于薄弱环节的，需要制订改进计划				

注：*为上报数据采集平台“8.7 评教情况”用。

2. 实施方案的属性与构成要素

实施方案是在案前得出的实施方法，是计划中内容最为复杂、应用最广的一种有很强可操作性的计划。实施方案要从目的、要求、方式、方法、进度等进行具体、周密的部署。

实施方案一般包括指导思想、主要目标、工作原则、工作内容、实施步骤、具体要求、考核激励措施等要素。行业企业参与教学质量监控，需要通过实施方案明确工作目的、工作原则、工作职责、考核措施等（见【拓展 12】）。

【拓展 12】 行业企业参与教学质量监控实施方案

第一章 总则

第一条 为进一步优化“学校（督导）—学生—教师—雇主（行业企业）”协同参与的教学质量监控体系，充分发挥行业企业参与学校人才培养质量监控的积极作用，深化产教融合，同时规范过程管理，特制定本实施细则。

第二条 切实引导行业企业参与教学质量评价，将行业企业参与教学评价数据用于发现、监控学校短板，促进“学校—二级教学单位—教学保障部门”及时反思学校人才培养质量与学生自我发展之间、与用人单位对员工职业素质需求之间的差距，不断提升学校人才培养质量水平。

第三条 各部门结合优势，协同行业企业参与质量监控工作。

第二章 参与原则与工作职责

第四条 参与原则。

（一）多元参与原则。针对人才培养质量的过程、结果、保障三个关键环节，从制度层面吸纳行业企业参与质量监控，协同学校、学生、教师等，从多维视角聚焦学校短板问题。

（二）客观评价原则。行业企业结合评价标准、根据评价对象特点，实事求是参与质量监控评价，力争做到公平、公正、准确、有效。当评价意见出现分歧时，坚持采用跟踪调查、数据分析等办法。

（三）注重实效原则。行业企业在参与教学质量监控过程中，发现问题及时向相关部门反映或直接向教学督导室反馈，从“授课提升、工作整改、制度完善”三个方面督促改进。

第五条 工作内容与工作职责。

（一）参与人才培养方案与课程标准论证。

专业人才培养方案或课程标准新定或修订时，二级教学单位的企业督导将行业规范、职业标准作为评价专业人才培养方案是否对接行业产业需求、是否满足用人单位对员工职业素质需求，课程设置是否与岗位需求相匹配等的依据。

（二）参与课程教学评价。

通过随机听课评课，参加教师教学竞赛、公开课，学生毕业答辩等活动，分析教师教学内容与教学过程是否契合行业企业需求，评价教学设备设施是否满足行业企业技术装备水平对人才培养的需要。

（三）参与顶岗实习评价。

学生顶岗实习期间，从对顶岗实习教学满意度和学生岗位表现力满意度两大维度评价学校顶岗实习管理状况与学生在岗位的学习产出状况，内容涉及实习岗位与专业的对口情况、学生在顶岗实习岗位表现出的职业道德、职业技能、职业发展能力、岗位竞争力等。

（四）参与雇主（用人单位）满意度评价。

学生毕业后，从对毕业生的招聘竞争力满意度、岗位表现力满意度两大维度评价学校人才培养质量水平，内容涉及职业道德、知识技能水平、职业社会能力、创新创业意识与能力、个人应聘表现或工作价值观等。

（五）参与试点专业诊断性评价。

根据专业建设需要,从师资队伍、招生就业、服务对象满意度、技能大赛与创新创业竞赛等维度评价专业。

(六)参与信息反馈。

在履行职责的过程中,发现问题,及时向"校级—二级教学单位"两级督导反馈。

第三章 工作奖励与附则

第六条 工作考核与奖励。

行业企业连续3年参与第五条中任意一项工作的,由二级教学督导组提名、学校督导组审查、经教学科研教授咨询委员会审核、学校公示等环节,予以奖励。

第七条 行业企业参与教学质量监控的过程中,有权调阅相关教学文件、资料,有关单位和个人应积极配合。对行业企业提出的意见和建议,有关单位应予以重视,并及时做出答复。

第八条 本方案由教学督导室负责解释,自××年××月××日起实施。

三、操作规范:指南与指引

1.指南的属性与构成要素

指南是指给出某一主题的一般性、原则性、方向性的信息,指导或建议的文件。指南的标准化对象较广泛,但具体到每个特定的指南,其标准化对象则集中到某一主题的特定方面。这些特定方面是有共性的,即一般性、原则性或方向性的内容。

指南的具体内容限定在信息、指导或建议等方面,而不会涉及要求或程序。如企业线上听课评课指南,一是引导企业关注教师线上授课时提供的网上教学资源是否有较好的直观性,是否易于学生了解课程的知识、技能并与所对应的岗位技术技能关联;二是引导企业关注教师企业实践的经历是否对线上授课的教学效果提供了有力的支撑,是否将贴近行业企业最新技术的真实案例融入教学内容(见【拓展13】。)

2.指引的界说与特点

指引是给予指示、引导的文件。与指南相比,指引的特点和构成要素与指南基本相同,但方向性更明确具体。如企业参与专业评价指引,按照研读评价材料、应用工具打分、填写专家意见、参加反馈会议的先后顺序,明确企业专家需要完成的任务内容、完成步骤以及提交的任务成果形式、参考样例等(见【拓展14】)。

【拓展13】 线上教学听课评课指南

(适用于教师、学生、督导、同行、企业、家长,中职—高职—本科)

第一篇 总 则

第一条 制定目的。为保证线上线下教学的等质同效,引导教师适应线上教学,参照《关于进一步完善督导、学生和同行评教标准的通知》等系列文件,让教师、学生、督导、同行、企业、家长参与线上听课评课有章可循,特制定本指南。

第二条 适用范围。本指南适用于教师、学生、督导、同行、企业、家长对线上教学的自评与他评。

第二篇　教师自我评价

教师依据“选(备)、聚(焦)、连(接)、改(进)”四字原则,实施课前准备—课中引导—课下跟进—课后反思自我评价四步法(图 3-3)并完成《学生线上学习体验调查问卷》(见附件 1)和“线上授课教师自评参考量表”(见附件 2)。

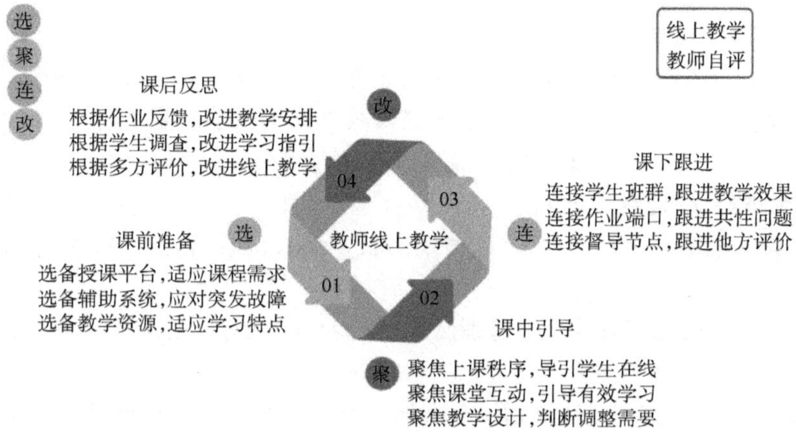

图 3-3　线上教学教师自评四字原则

第一章　课前准备

第一条　选备授课平台,适应课程需求。

(一)选备授课平台。选择授课平台前,是否了解主流线上教学平台的一般操作和特有功能,如:视频录制、在线直播、线上交流、硬件参数设置等;是否了解学生的线上学习工具配备状况;是否根据实际情况科学地选择平台。

(二)适应课程需求。所选备的线上授课平台是否适应课程需求、学生学习行为、学生学习规律及线上教学特点的要求。

第二条　选备辅助系统,应对突发故障。

(一)选备辅助系统。是否准备了预备辅助系统,并对所选用授课平台和辅助系统进行了反复测试。

(二)应对突发故障。是否准备了应急线上教学方案,遇到突发故障时能保证教学的正常有序开展。

第三条　选备教学资源,适应学习特点。

(一)选备教学资源。根据教学需要是否选备并自制了优质线上课程教学资源及素材(如音频、视频、文档、动画……)。

(二)适应学习特点。所选备的教学资源是否适应线上教学要求和学生学习特点、网络教学条件等因素。

第二章　课中引导

第四条　聚焦上课秩序,导引学生在线。

(一)聚焦上课秩序。是否重点关注学生线上学习秩序。

(二)导引学生在线。是否根据课程需要,课中插入网上点名,导引学生实时在线。

第五条 聚焦课堂互动，引导有效学习。

（一）聚焦课堂互动。是否采用弹幕、问题抢答、将学生画面或语音随机切入直播等方式，聚焦课堂互动并引导课中学生参与度。

（二）引导有效学习。是否结合专业特点、课程内容有机融入思政元素，引导学生有效学习并树立正确人生观。

第六条 聚焦教学设计，判断调整需要。

（一）聚焦教学设计。是否针对线上教学的实际状况重新反复审视教学组织设计。

（二）判断调整需要。是否对原教学设计做了调整以确保线上教学的等质同效。

第三章 课下跟进

第七条 连接学生班群，跟进教学效果。

（一）连接学生班群。是否进入学生班群跟进线上教学效果，如：问题讨论、留言、在线答疑等。

（二）跟进教学效果。是否设置了学生预习通告栏目、学习指引等为学生自主学习提供支持。

第八条 连接作业端口，跟进共性问题。

（一）连接作业端口。是否及时、认真、准确地批改作业，并在这一过程中发现共性问题。

（二）跟进共性问题。是否利用信息学习系统中提供的作业分析汇总功能跟进共性问题，并对作业进行总结反馈。

第九条 连接督导节点，跟进他方评价。

（一）连接督导节点。是否重视第三方评价，主动征求督导、同行甚至企业界人士对线上授课的反馈意见。

（二）跟进他方评价。是否将他方评价及改进建议作为线上教学持续改进的参考。

第四章 课后反思

第十条 根据作业反馈，改进教学安排。

是否能根据学生作业的共性问题，及时改进教学进程安排。

第十一条 根据学生调查，改进学习指引。

是否重视学生调查，主动了解学生的学习反馈（群内留言或者用“问卷星”等调查，“学生线上学习体验调查问卷”）；是否结合反馈结果及改进建议深度反思，用于改进线上教学，更好地对学生进行学习指引。

第十二条 根据多方评价，改进教学效果。

是否根据课程进度有计划地主动进行线上教学自我评价（“线上授课教师自评参考量表”）；是否主动征求同行、督导、企业督导的意见并汇总分析，在持续改进线上教学的有效性、课程思政融入的有机性等方面作为借鉴。

第十三条 制定原则。本指南重点关注教师行为、学习行为、师生交互、学习效果，不同听课评课的主体依循各自视角和体验原则，实施“课前—课中—课下—课后”听课评课四步法。

第三篇 学生学习体验评价

学生通过自己的学习体验对教师在“课前准备”“课中组织”“课下跟进”“课后反馈”中的教学行为进行评价，并完成“线上教学质量评价表（学生）”。

第一条　课前教学准备的丰富性和适合度。

(一)教师是否通过学习群发出预习指导,并为学生提供了丰富的学习资源。

(二)从所提供的学习资源的表现形式和内容方面的适合度是否可感受到教师对学生学习特征的了解。

第二条　课中教学组织的有效性及有序度。

(一)教师为线上教学平台是否根据课程需要配备了辅助教具,从而使线上学习获得较好的声音、画面等体验。

(二)教师是否既关注学生保持在线并有序学习,又注重调动学生的参与度,如采用弹幕、问题抢答、将学生画面或语音随机切入直播等方式,让学生隔空参与到课堂中,不敢掉线。

(三)教师是否结合课程内容,有机引入思政元素,塑造学生的价值观。

第三条　课下学习辅导的广度、深度和持续度。

(一)教师是否连接学习班群,设置课下互动环节,如问题讨论、留言、在线答疑等跟进课程学习中的共性问题。

(二)教师是否及时、认真、准确地批改作业,并利用信息学习系统中提供的作业分析汇总功能对作业进行及时的总结反馈。

第四条　课后学习效果的问卷调查及教师教学的改变。

课程进行到一段时间后,教师是否主动组织学生开展线上学习体验问卷调查。调查后,教师是否针对调查结果在教学组织设计方面进行更适合学生的教学改变。

第四篇　督导、同行听课评价

督导、同行依据“(熟)知、聚(焦)、连(接)、导(入)”四字原则,实施课前准备、课中观察、课下跟进、课后反馈听课评课四步法(图 3-4),并完成“线上教学质量评价表(督导、同行)”。

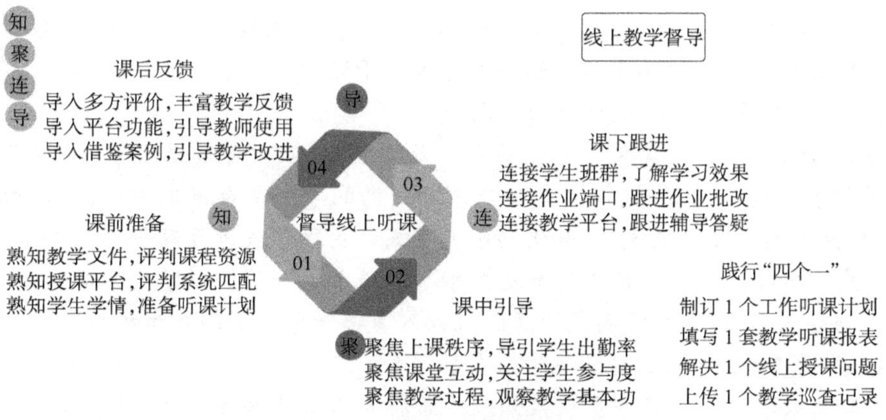

图 3-4　督导—同行线上听课评课四字原则

第一章　课前准备

第一条　熟知教学文件,评判课程资源。

(一)熟知教学文件。教学文件包括专业人才培养方案、课程标准、教案等。督导重点关注教案中课堂教学组织过程设计、本课程与其他课程的逻辑关系、选用的教学方法、采用的媒体、融入的思政元素、实训的组织安排、学生作业及考核方式等内容,评判教师备课与课程标准的契合度;同行重点关注教学内容的时效性和符合度。

(二)评判课程资源。评判课程线上资源是否符合课程标准要求,教师是否根据线上教学要求和学生学习特点选择、集成、自制了必需的教学资源(如音频、视频、文档、动画……)等内容。同行应特别关注"教学资源的适合性和精品度"。

第二条 熟知授课平台,评判系统匹配。

(一)熟知授课平台。熟悉线上教学所需的信息化技术,如:视频录制、在线直播、线上交流、硬件参数设置等。熟悉各种授课平台的授课方式及特有功能,如共享白板、屏幕注释、分享讨论等。

(二)评判系统匹配。根据课程标准及信息化授课平台功能,评判教师选定的线上授课平台(技术系统)是否与课程特点、学情现状、学习目标相匹配以及匹配程度。教师是否为平台授课而配备了其他辅助教具。

第三条 熟知学生学情,准备听评计划。

(一)熟知学生学情。了解教师实施线上教学前是否利用学习通等工具开展学生调研。了解教师对学生学情,如学习特征、知识结构、已学先导课程、线上学习环境等要素的熟知程度。

(二)准备听评计划。针对教师授课进程、他评数据等,制订听课评课计划。将教学目标的呈现、教学情境的创设、教学方法的选用、教学活动的设计是否与学情分析相符合、是否有机融入思政元素等纳入听课评课观测点。

第二章 课中观察

第四条 聚焦上课秩序,观察学生出勤率。

(一)聚焦上课秩序。聚焦课堂教学氛围、教师讲课是否有激情、教态是否有感染力(从而抓住学生注意力)、是否关注学生纪律、是否脱离教学内容而导致学生注意力涣散等要素。

(二)观察学生出勤率。通过不同平台不同的签到方式观察学生在线或离线的考勤状况,同时观察教师是否关注学生的出勤并进行适时干预。

第五条 聚焦课堂互动,关注学习参与度。

(一)聚焦课堂互动。聚焦师生互动交流是否顺畅、互动环节是否紧凑、学习兴趣是否被激发、思维表现是否被激活、提问或回应老师问题的学生是否覆盖面广、是否形成了师生互动及生生互动的线上活跃气氛,如借助聊天区或评论区等促进互动等。

(二)关注学习参与度。教师是否发挥学习促进者的作用调动学生参与学习;教师是否采用弹幕、问题抢答、将学生画面或语音随机切入直播等方式提高学生参与度。

第六条 聚焦教学过程,观察教学基本功。

(一)聚焦教学过程。督导重点聚焦教学目标是否被明确具体地表述、教学内容是否充实并有信息量、重难点处理是否深入浅出,是否自制了电子教学资源、是否围绕教学目标合理使用现代教学手段,是否针对线上教学特点对原教学设计做了调整、是否紧扣教学内容有机融入思政元素、是否引入创新思维训练学生解决问题能力等;同行重点聚焦教学内容是否与时俱进,是否贴近最新的理论、知识、技术、技能,是否贴近岗位及岗位群一线,是否符合课程标准。

(二)观察教学基本功。督导重点关注的包括操作技术工具的熟练度、语言表述的规范性、板书(画笔功能)设计的有序性,是否把握课程的前导后续课程、是否采用合适的教学方法引导学生主动学习、是否采用有效的教学活动和学习活动帮助学生价值塑造,对课堂时间分配节奏的把控力等;同行重点关注的包括专业基本功是否扎实,专业功底是否广博,讲课是否能以专业体系为背景,旁征博引,信手拈来,化繁为简,深入浅出,是否能有机引入思政元素,塑造学生的价值观。

第三章 课下跟进

第七条 连接学生班群,了解学习效果。

(一)连接学生班群。课下与学生线上沟通,进入学生班级学习群,了解学生群内提出的课程学习中的共性问题。

(二)了解学习效果。课下与学生线上沟通,主动询问学生在学习活动过程中思维方式是否得到训练、学习兴趣是否得到激发、是否产生持续的学习欲望、学业水平是否得到提高等。

第八条 连接作业端口,跟进作业批改。

(一)连接作业端口。了解作业量是否符合课程标准的要求、作业形式是否与课程内容相匹配、作业的性质是否具有启发性或创造性等。

(二)跟进作业批改。跟进教师是否及时、认真、准确地批改作业。跟进教师是否利用信息学习系统中提供的作业分析汇总功能对作业进行总结反馈。

第九条 连接教学平台,跟进辅导答疑。

(一)连接教学平台。了解教师是否设置了课下互动环节,如问题讨论、留言、在线答疑等。

(二)跟进辅导答疑。跟进线上讨论区、留言区,了解教师课下为学生提供的辅导答疑状况(包括师生交互的广度、深度、论坛回复率和回复及时率等),为学生自主学习提供的支持(如学习指引等,包括类型丰富的优质教学资源、对学习具有促进作用的良好互动等教师行为的广度、深度和持续度)以及字里行间对学生价值塑造的支持度。

第四章 课后反馈

第十条 导入多方评价,丰富教学反馈。

(一)导入多方评价。重视第三方评价,主动征求第三方,包括学生、同行、督导(含企业督导)、学生家长等多方评价意见。

(二)丰富教学反馈。课后反馈要集成多方评价意见。反馈内容包括:教师授课规范、课堂设计、授课方法、教学效果等方面,并按照1∶1∶1的原则提出优点、缺点及改进建议。

第十一条 导入平台功能,引导教师使用。

(一)导入平台功能。实时了解教学平台分析功能,如对学生学习过程和结果收集、分析的智能化分析工具等,引导教师基于大数据对学生认知能力、学习习惯、知识掌握等学情情况进行科学判断。

(二)引导教师使用。引导教师对教学平台提供的分析工具的使用,从而将其用于学情分析、试卷分析、教学效果分析,并重视学生的评价及学习反馈(群内留言或者用“问卷星”等设计问卷调查)。

第十二条　导入借鉴案例，引导教学改进。

（一）导入借鉴案例。注重收集线上教学经典案例（包括课程思政），结合听课教师具体问题推荐相关案例，引导教师学习、借鉴、提高。

（二）引导教学改进。通过定向推送、工作群分享等方式向教师推介典型案例、进行阅后交流、倡导自我反思、引导教师有效改进教学。

第五篇　企业、家长听课评价

企业或家长参与听课评课，应在以下几方面给出更贴近行业、岗位教学内容或学生有效参与课堂教学的评价，并完成“线上教学质量评价表（企业、家长）”。

第一条　教学资源的直观性。

企业特别关注：提供的网上教学资源是否有较好的直观性，易于学生了解课程的知识、技能并与所对应的岗位技术技能关联。

第二条　企业经历的支撑度。

企业特别关注：在企业跟岗实践的经历是否对其教学效果提供了有力的支撑，是否将贴近行业企业最新技术的真实案例融入教学内容，使其具有实用性。

第三条　学生听课的专注度。

家长特别关注：学生在上这门课时，注意力或关注度是否更高。

第四条　学生听课的参与度。

家长特别关注：学生在上这门课时，是否更多地参与师生互动或生生互动。

【拓展14】　企业参与专业评价指引样例（适用于高职本科/应用型本科）

表3-2　企业参与专业评价指引样例（适用于高职本科/应用型本科）

编号	阶段	任务	提交材料
1	研读评价材料	阅读《自我诊断+企业参与”高等职业院校专业评价实施方案》（了解评价标准）。 浏览专业评价培训视频（了解方案的思路及评价过程）； 查阅专业自我诊断材料，包括：“专业基本状况表”“专业自我诊断表”及佐证材料0~20等（了解被评专业基本状况）	
2	应用工具打分	应用“专家评分工具表”评分（根据表中“佐证材料入口”链接的佐证材料或专业网站信息按评价标准评分）。 说明：评分不能超过栏目“分值”中的限值，其中 （1）查看佐证材料19。访问网址： http://211.66.184.88:8070/admin/Default.aspx 登录名：pingguadmin。密码：admin@#2014。身份：管理员。 （2）查看“学生在校学习体验”数据：学生满意度调查系统→历年数据调查→全部数据查询→年份→查询→二级指标及总体满意度。 （3）查看“学生岗位表现竞争力”和“学生招聘竞争力”数据：雇主满意度调查系统—问卷管理下的汇总问卷—阅览—所有数据，分别看前10项和第12项满意度。 （4）4.1、4.2、4.3的“评价结果”通过以下操作自动形成：凭您的工作经验对其所包含的20项指标做重要程度判断（用1~5分来衡量，5分为最重要），并将判断值填入“重要程度”。 （5）评分后，将专家评分工具表另存为“××专家评分表”	●专家评分表

续表

编号	阶段	任务	提交材料
3	填写专家意见	网上评价(打开专家评价意见表,按要求填写专家评价意见,其中:评价分值来自“××专家评分表”)	● 专家评价意见表(初稿)
		实地考查(按指定时间到学校进行实地考查,结合考察情况,完善专家评价意见表)	● 专家评价意见表(终稿)
4	参加反馈会议	按指定时间参与专业改进反馈会,与专业共定专业改进实施方案	

第四章　扩散:企业参与评价的模式推广与数字化资源

第一章与第三章系统介绍了以增强职业教育适应性为主线,确定了由第三方组织、企业“敢唱主角”、标准“价值多元”、校企“共同建构”、重在“持续改进”的思路,通过聚焦人才培养“源头—过程—结果”“关键环节多点覆盖、运行机制标准贯通、保障体系措施融通”,构建的企业全链式参与专业教学评价模式。如何让构建的企业全链式参与专业教学评价模式推广应用到不同专业大类、不同发展阶段的职业院校,探索模式的“创新扩散”,是本章节的重点。

第一节　“创新扩散”的内涵与扩散过程

企业全链式参与专业教学评价旨在突破企业在“双主体”育人过程中“名义主体”的藩篱,更好地促进专业设置与产业需求对接、课程内容与职业标准对接、教学过程与生产过程对接,为职业教育培养出能够进行较复杂操作和解决较复杂问题的“现场工程师”“企业干匠”“行业巧匠”“大国工匠”这“一”终极目标固能、储能、提能。全链式作为一种企业参与专业评价模式的创新,在不同大类专业、不同发展阶段学校推广过程中,符合“创新扩散”的理论逻辑和实践逻辑。

一、传播与时间:创新扩散理论的概念与观点

美国学者埃弗雷特·罗杰斯(E.M.Rogers)认为:创新是一种被个人或其他采纳单位视为新颖的观念、时间或事物,需要具备相对的便利性、兼容性、复杂性、可靠性和感知性五个要素,才便于在人群中传播。“创新扩散”被定义为以一定的方式随时间在社会系统的各种成员间进行传播的过程,由创新、传播渠道、时间和社会系统四要素组成。

埃弗雷特·罗杰斯提出的"创新扩散理论"是主张通过媒介劝服人们接受新观念、新事物、新产品的一种传播理论。“创新扩散理论”认为,对于创新的使用者或采纳者,按照使用“创新”的时间顺序来看,有创新者、早期采用者、早期追随者、晚期追随者和落后者五种人群;促进创新扩散的最好方法是用鲜活的可视化媒介,如样例等说服早期采用者与早期追随者,通过媒介与传播渠道吸引、转化早期追随者和晚期追随者最终都成为采用者,甚至是创新者的创新观念、创新事物、创新产品的创新者。

二、了解与采纳:创新扩散的过程与典型媒介

1. 创新扩散的五个阶段

无论是创新者、早期采用者、早期追随者、晚期追随者还是落后者,创新扩散的五种人群

必然经过五个阶段,包括了解阶段、兴趣阶段、评估阶段、试验阶段和采纳阶段,完成创新从了解到实施的扩散过程。了解阶段,接触新技术新事物,但知之甚少;兴趣阶段,发生兴趣,并寻求更多的信息;评估阶段,联系自身需求,考虑是否采纳;试验阶段,观察是否适合自己的情况;采纳阶段,决定在大范围内实施。

2. 扩散的三类典型媒介

“创新扩散”的三类典型媒介。分析影响“创新扩散”的关键因素,创新本身决定了扩散的速度、广度,传播渠道作为扩散的媒介,对扩散的速度、广度有根本性的影响。实证研究发现,企业全链式参与专业教学评价这一“创新扩散”的典型媒介载体主要分为简易表单式、典型案例式、样板网站式 3 类。

(1)简易表单式。简易表单式主要将企业参与专业教学评价 5 个时间节点、7 个关键环节的评价标准量表作为创新输出文档媒介,目的是吸引早期采用者和早期追随者的注意力和关注度,通过了解、评估到试验“创新”。

(2)典型案例式。典型案例式是将企业参与专业教学评价 5 个时间节点、7 个关键环节的评价标准量表、评价程序、文字说明、活动宣传等作为创新输出文档媒介,目的是吸引早期采用者和早期追随者的注意力、关注度,通过了解、兴趣、评估到试验“创新”。

(3)样板网站式。样板网站式除将企业参与专业教学评价 5 个时间节点、7 个关键环节的评价标准量表、评价程序、文字说明、活动宣传等作为创新输出文档之外,还将专业评价时的原始教学档案、作业展示、线上资源等作为创新输出文档媒介,并通过网站的形式分模块进行展示。目的是吸引早期采用者、早期追随者和晚期追随者的注意力、关注度和行动力,通过了解、兴趣、评估、试验到采纳“创新”(图 4-1)。

图 4-1 “创新扩散”的典型载体——样板网站

三、转化与推动:企业参与评价的扩散模式

按照“创设情境—确定问题—协作解决—达成共识”的思路,结合“创新扩散”的5个阶段、影响创新扩散的速率和增长率的2要素以及企业参与专业评价“创新扩散”的3类典型媒介,不同阶段的五种人群在“创新扩散”的转化过程(图4-2)。

图4-2 企业参与评价的“创新扩散”阶段转化模型

图4-2说明,落后者通常在了解阶段止步不前,晚期追随者在兴趣阶段与评估阶段徘徊,早期追随者越过评估阶段迈向试验阶段,早期采用者跨过试验阶段迅速进入采纳阶段,而创新者在形成模式、经过大范围试点采纳后,又开始了模式的再探索。这期间,简易表单、典型案例、样板网站三类媒介载体从供给侧的角度推动了5种人群在企业参与评价的推广应用中需求侧的转化。

从图4-2可以得出,落后者与早期采纳者的区别来自对创新本身的认识、兴趣、探索与实践。创新的扩散过程本身符合人的认知规律和行动准则,因而,基于阶段转化模型,在扩散的过程中,依据主体、方式、媒介、资金四要素主要分为以下4种模式。

一是从推动扩散的主体(Subject)来分,主要有行业教学指导委员会推动、职教集团推动、学校推动或上述主体组合而成的第三方机构;

二是从推动扩散的方式(Mode)来分,主要有专业交流、学校辐射、院校联盟、行业教学指导委员会认证或上述方式的任意组合;

三是从推动扩散的媒介(Medium)来分,主要有简易表单式、典型案例式、样板网站式或上述成果的任意组合;

四是从推动扩散的保障资金(Fund)来分,主要有第三方机构资助、职教集团资助、学校资助、专业自筹或上述资金来源的任意组合。

上述扩散推广模式称为SMMF模型,其中:推动扩散的主体和推动扩散的方式属于影响扩散的内部因素,推动扩散的媒介和推动扩散的保障资金属于影响扩散的外部因素,如图

4-3 所示。

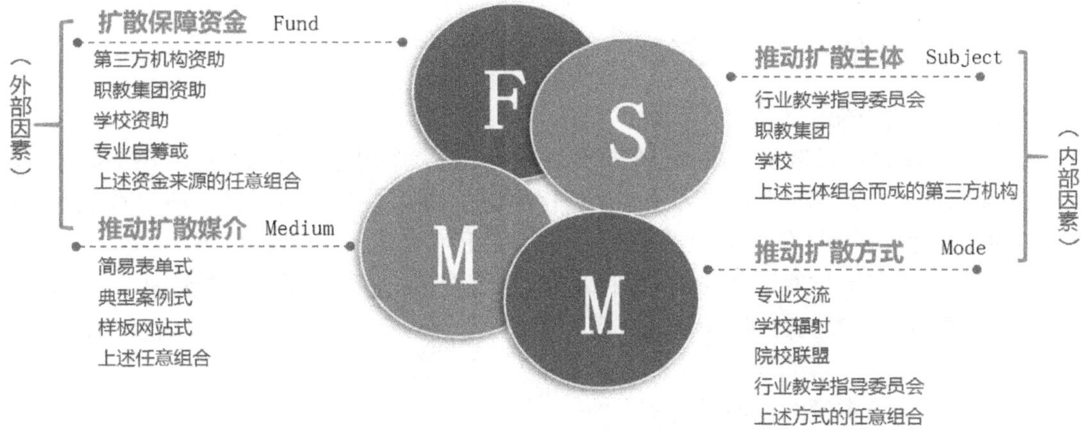

图 4-3　企业评价专业的 SMMF 扩散模型

第二节　“创新扩散”的数字化资源

“创新扩散”模式的扩散速度、扩散增长率取决于创新本身的实用价值，作为创新本身的企业全链式参与专业教学模式，数字化学习资源是“创新扩散”的传播渠道，也是“创新扩散”的“说明书”，更是“创新扩散”的“活广告”。

一、创新与渠道：影响创新扩散的核心因素

在创新扩散的四个构成要素中，创新本身与传播渠道对创新扩散的速率和增长率起着决定性的作用。按照创新扩散理论，创新和传播渠道的新颖性、便利性、兼容性、可靠性和感知性决定了使用创新的五种人群愿不愿意了解创新、评估创新到最终采纳创新。

二、传播与增长：创新扩散的互联网基因

“创新扩散”的本质是用户对“创新”的采纳。正如每日互动创始人 CEO 方毅（2020）提出的 AI 时代互联网营销的 6R 模型，6R 是指 Recruitment（拉），Reproduction（推），Retargeting（回），Retention（忆），Revenue（收），Reservation（留）。6R 模型用“拉推”“回忆”“收留”概括面向客户全生命周期的营销管理闭环，以互联网平台为载体，实现从“获客”“激活”再到“变现”的用户增长。同时加入“自传播”的分享逻辑，通过“收”与“留”实现放大产品兴趣与拓展产品应用相融合的用户增长模式。

综上所述，6R 模型是从营销供给侧的角度通过传播快速获得某种新产品、某项新事物用户的增长，与“创新扩散”模式的了解、兴趣、评估、试验和采纳五个阶段从推广需求侧的角度快速获得用户的增长有所不同。但两者在提高扩散速度、扩散增长率方面有相同的基因，即都可以通过“自传播”的分享逻辑实现快速增长，传播的便利性与增长率成正比。结合企业参与专业教学评价各构成要素的内在逻辑及评价规律，采用互联网营销的传播思维

和实现路径,通过数字化传播载体与传播内容的构建,是企业参与专业评价推广应用的科学选择。

三、共享与连接:数字化资源的定义与作用

1. 数字化资源的定义

数字化资源是经过数字化处理,依据学习者的学习特征进行编辑的,可以在多媒体计算机上或网络环境下运行的供学习者自主、合作学习的,能够共享的多媒体材料。其最大的优势在于便利性和共享性,任何人只要愿意都可以在任何时候、任何地点学习。

数字化学习资源方便远程指导、远程示范、远程交流、远程教学、远程解决问题、远程协同创新,为第三方组织机构建立愿评价、懂评价、能评价的企业专家队伍,充分应用数字化学习资源导评。

2. 数字化学习资源的种类

数字化学习资源按呈现方式可以分为数字视频、数字音频、多媒体软件、CD-ROM、网站、在线学习管理系统、虚拟仿真模拟、数据文件、案例库、数据库等不同种类。

不同呈现方式的数字化学习资源,都可以用"二维码"(2-dimensional bar code)存储学习资源、展现学习资源,见图4-4。"二维码"作为移动设备上的编码方式,用某种特定的几何图形按一定规律在平面分布,以黑白相间的、记录数据符号信息的图形来表达,具有对不同行的信息自动识别功能。

图4-4 操作指南、样板网站的"二维码"

3. 数字化学习资源的作用

在企业全链式参与专业教学评价的过程中,"信息蚕房"与"知识鸿沟"的存在需要通过"对话"驱动意见趋同、"信任"驱动行动融合、"反思"寻求价值重叠,实现企业参与评价的公共理性和教学价值。除了组织专业、吸纳企业、依托行业,颁布章程规程、制定方案细则、出台指南指引等,第三方评价组织机构针对企业的认知偏差、情绪偏爱,制定手册、指南指引、样例、网站、线上课等"码上学"的不同呈现方式的数字化学习资源,通过资源连接企业在评价前、评价中、评价后不同时段时时可学、处处能学的专业化评价需求,促进专业设置与产业需求、课程内容与职业标准、教学过程与生产过程"三对接"。

附录 1:校外典型案例

☞“企业深度参与专业诊改　创新推动‘行企校’协同育人”,全国诊断与改进优秀案例,2022

企业深度参与专业诊改　创新推动“行企校”协同育人

摘要:推动企业深度参与专业诊改,让专业的人才培养质量更好地适应经济社会发展的快速变化是职业教育高质量发展的政策要义。应新时代内部质量保证体系诊改的新使命、新要求,针对专业诊改中企业参与不深、力度不够、维度单一等关键问题,职业技术学院探索实施了由学校组织、“行企校”协同共诊的“522”模式。通过诊改“引企入教”,促进专业设置与产业需求对接、课程内容与职业标准对接、教学过程与生产过程对接,在 9 省 34 个专业推广,成效显著,获 2019 年度广东省职业教育教学成果奖一等奖, 2021 年再获省教育评价改革试点推广项目。

关键词:专业诊改;内部质量保证;校企协同;高质量发展

提高专业质量是高职院校高质量发展的核心任务,更是一项长期工程,专业诊改是“着力点”。为了加强专业诊改力度,提升专业建设水平,依据《高等职业院校内部质量保证体系诊断与改进指导方案(试行)》等文件,职业技术学院树立了以质量为核心、以标准为准绳的底线思维逻辑,除在全校试点常规的专业诊改之外,还基于产教融合的本真,通过创设专业诊改的沉浸式工作场景、建立专业诊改的标准化规范,实行了“522”企业深度参与、校企协同共诊的特色专业诊改,让企业化身为专业培养目标的“设计者”、人才培养过程的“施工者”、育人质量的“验收者”,为落实专业教学质量自主保证、自我迭代与持续改进,促进专业高质量发展提供了新的内生变量。

一、实施背景

2015 年以来,针对传统专业诊断改进力度不够、质量不高、维度单一等问题,学校将企业作为多元诊改主体,在明晰“诊改什么”“谁来诊改”“怎么诊改”的基础上,创新性探索实施了由学校牵头、行业企业深度参与的“522”特色专业诊改模式(图 1)。通过“建立标准—组织实施—监测改进—反馈诊断—激励创新”的核心诊改循环链,将行业企业岗位及岗位群用人标准作为诊改依据,从市场需求方倒逼专业教学质量提升,取得了比较系统、完整的组织实施经验,同时关注基于大数据支撑的过程性诊断、持续性改进、螺旋式提升。经过多年的探索与实践,学校将这一特色专业诊改模式作为提升专业质量的关键一招,并向江苏、浙江等地“双高”建设校推广,打造专业建设的新引擎。

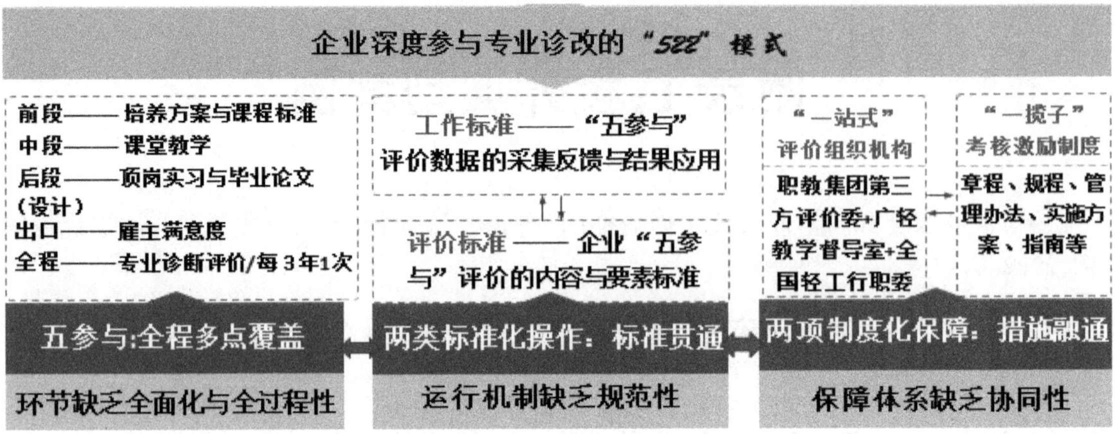

图1 "522"模式图

二、创新举措

(一)以"诊改什么"为切入点,创新诊改工作思路

企业参与专业诊改是衡量专业群对接产业链、教学过程对接生产过程、人才培养目标对接经济社会需求水平的一把尺子。依据教育部文件内容,学校依据行业企业用人标准设计诊断项目,确定了专业诊改标准"价值多元"、诊改动力"主体内生"、诊改过程校企"共同建构"、结果应用重在"持续改进"的总体思路。聚焦人才培养的"源头—过程—结果",学校围绕企业深度参与专业诊改的关键环节和构成要素、各环节的标准和反馈工具、"一站式"校企协同共诊原则,构建了企业全过程参与、全方位监控、全链条保障的"522"模式,及时将企业对人才的需求转化为专业建设目标和教学目标,不断完善专业质量保障体系和运行机制。

(二)以"谁来诊改"为支撑点,构建协同共诊机制

作为一项新的制度安排,诊改是一个对职业院校管理架构嵌入、整合和协同的长期而复杂的过程。针对专业诊改动力不足等问题,学校坚持以质量引领,以跨界思维为"纵贯线",构建了学校主导、企业深度参与的专业诊改机制:第一,学校与全国轻工教指委共商共订《"自我诊断+企业参与"高职院校专业诊改指南》,建立对试点专业材料形式审核、专业自我诊断、企业参与诊改等过程的规范管理与指导制度;第二,由职教集团第三方专业评价委员会组织,52家企业、校院(系)两级督导队伍作为成员,制作"码上学"的手册、样例、网站等5类数字化培训资源,开发雇主满意度等4个数据采集反馈系统、诊改工具,建立了对集团内各高职院校专业的定期诊改、对集团外高职院校各专业的申请诊改等应用的推广机制。

(三)以"怎么诊改"为发力点,实施"522"诊改模式

打造全过程诊改链条,主动适应产业新发展。在人才培养前段,每年近150名行业企业专家、督导参与诊断论证80多个专业的人才培养方案,近700名参与诊断论证2000余门课程的课程标准,促进行业规范、X资格证书等纳入培养目标。在人才培养中段,每年350余名行业企业专家和督导参与随机听课、教学竞赛等,促进新知识、新技术、新规范、典型生产案例及时纳入教学内容与活动。在人才培养后段,每年近210家顶岗实习企业、校企合作单

位等参与诊改专业的顶岗实习管理和学生的毕业论文(设计)等是否满足企业岗位需求和产品作品需要。在人才培养出口,每年850余家雇主参与满意度调查,诊改毕业生职业竞争力等,培养学生“上手快、后劲足”。针对人才培养综合水平,组织行业企业参与专业每3年1次的办学质量诊断,校企共定增值目标、共改核心要素、共施三年行动方案,累计102名行业企业“双师型”专家参与校内23个专业、校外11个专业的诊改。企业深度参与专业诊改前段、中段、后段、出口、综合水平的“五部曲”,学校主导专业诊改的事前准备、制订计划、事中跟进、监督反馈、事后改进的“五重奏”,促进专业持续有效开展诊改。

制定全方位诊改准则,开辟专业诊改新路径。深入研究企业参与专业诊改要素的内在逻辑及诊改规律,校企共建了可依据、可反馈、可改进的两类准则,将专业诊改工作目标化、标准化、数据化。一类是诊改内容的评价标准,即共同制定了《“自我诊断+企业参与”专业诊改实施方案》等14个诊改标准、16个工作规范;另一类是诊改过程的行为标准,即共同开发了教师授课质量诊改、顶岗实习单位评教评学、企业满意度调查3个数据采集平台、1个诊改小程序等诊改数据采集与反馈信息化平台和一系列诊改工具量表,包括但不限于论证表、诊改量表、合理性(符合性)评估表、专业自我诊断表、专家评价意见表、专业改进实施进程表等,共建共施线上诊改调查和线下改进研讨反馈途径标准,让学校成为质量信息生成的源头,强化多维度、实时大数据支撑,推进专业自我诊断与改进。

出台全透明诊改制度,保障专业诊改良运行。以专业自我改进与完善为目标,强化企业深度参与诊改的双重制度保障。一是组织保障制度,学校联合广东轻工职教集团第三方评价专业委员会组织落实每个专业(群)企业督导全覆盖,行职委全程参与指导每3年1次的专业办学质量诊改过程,紧密关注专业质量生成;二是运行与考核保障制度,学校颁布《行业企业参与质量监控的实施方案》等19项方案、细则等,规范诊改行为,将参与评教率等指标纳入二级学院年度目标考核,并以信息化手段促进过程监控、内生持续,促进常态化教学工作诊改制度体系的完善。

三、取得成效

由学校自主组织、企业深度参与专业诊改的“522模式”成效显著,2019年获省职业教育教学成果奖一等奖,2021年获省教育评价改革试点推广项目。

(一)校内全覆盖,人才培养质量高

实施以来,校内11个专业获得全国轻工行指委颁发的企业参与专业评价“通过”证书,12个专业获得职教集团企业参与专业评价“通过”证书,赋能全校专业建设结硕果:立项2个国家“双高”建设专业群、3个国家级现代学徒制试点专业、1个国家级虚拟仿真实训基地、2个国家级教学资源库、20种国家“十三五”规划教材。教师授课质量三方综合评价90分以上的课程比例由51.8%上升到92.3%,教师团队连续两年斩获全国教师信息化大赛一等奖。累计培养学生5万余人,千余家顶岗实习单位对学生岗位表现竞争力的满意度由3.89分提升到4.23分(5分制),学生在技能大赛等各类赛项获国家级和全国性奖项202项,位居全国前列。

(二)名校多应用,品牌特色知名度高

“522”模式推广到广东、江苏、天津、广西、甘肃、陕西、江西、安徽、湖南9个省区市的34

个专业（含佛山科技学院本科专业），深圳职院、番禺职院、浙江金融职院等30多所院校来访交流。顶岗实习、雇主满意度调查等自主开发系统被山东传媒、乌鲁木齐职业大学所应用。

（三）社会高认可，诊改成果辐射度广

“学生—教师—雇主”满意度调查标准和系统被广东省教育厅用于对全省高职院校的“创强考核”。在广东省教育厅、香港职训局等组织的多个重大会议及国培、省培班上开展主题讲座50余次。全国轻工行指委2次发文推广采纳“自我诊断+企业参与”专业诊改方案成果，累计诊改专业34个，建成样板网站5个、样板案例29个，并为江苏等5省的17个专业颁发通过证书。企业参与专业诊改4次入选国家、省质量年报典型案例，征文获广东省深化新时代教育评价改革一等奖。《产教深度融合 打造企业评教“522”模式》等30余篇案例在人民日报、中国教育报等10多家国家媒体刊载。中国职业技术教育杂志社副主编席东梅、联合国教科文组织高等教育创新中心知识生产与传播中心主任冯思圆博士等对“522”模式给予高度评价（图2）。

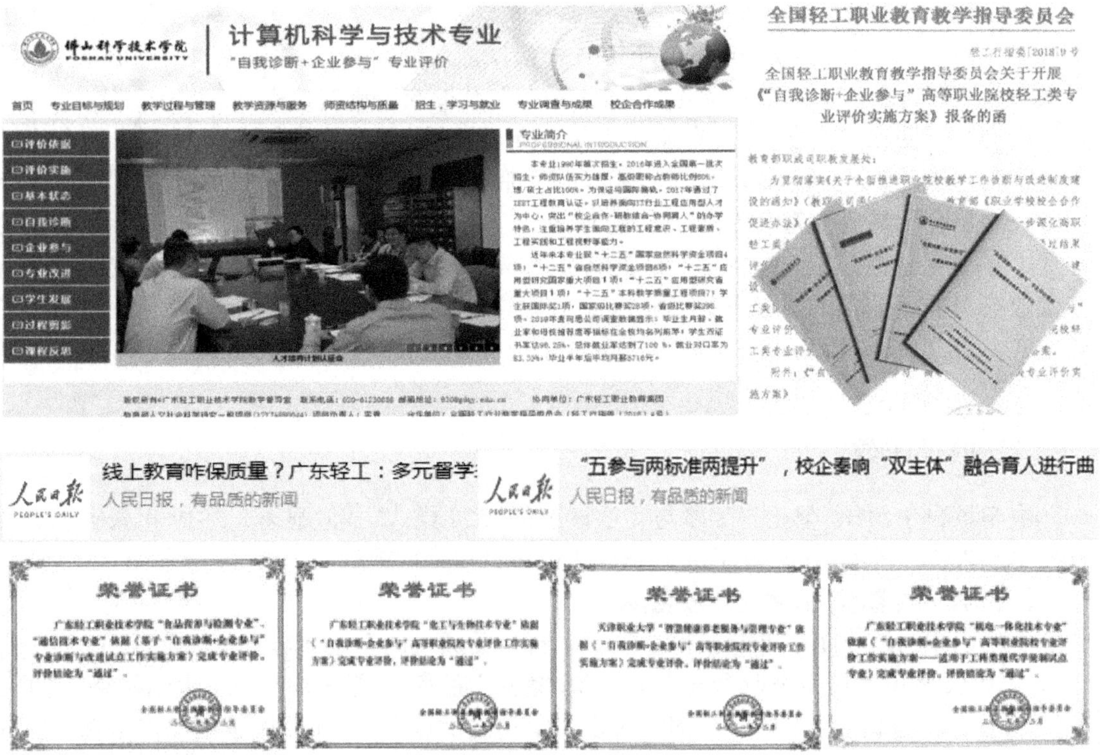

图2　通过证书、样板网站、样板案例及推广总结

四、困难与建议

《中华人民共和国职业教育法》明确了企业参与职业教育的主体地位，对企业提升技术技能人才培养质量、建设技能强国提出了更高要求。目前，企业深度参与“真诊改”的“522”模式还存在着诊改专业覆盖面广度不够、诊改队伍专业化建设力度不够等深层次问题，影响

着多元主体共同参与专业诊断与改进制度体系的持续完善。下一步,将从三个方面着手促进专业诊改:一是吸纳更多具有较大影响力的行业企业深度参与特色专业诊改,全覆盖、广辐射,倒逼专业建设,促进专产对接;二是打造"懂诊改""能诊改""擅诊改"的产教融合型诊改专家队伍;三是线上线下相结合,系统打造一体化专业诊改培训体系,建立"诊改指南""诊改微课""诊改学习社区"等模块,为专业诊改储能、赋能、提能,使职业教育成为更好适应、支撑、引领经济社会发展的"快变量"。

☞"让企业在评价中'唱主角',推动校企协同育人",教育部教育评价改革推荐案例,2022

让企业在评价中"唱主角",推动校企协同育人

一、基本情况

企业参与专业教学评价是衡量专业群对接产业链、专业培养目标对接岗位需求、教学过程对接生产过程水平的一把尺子。十余年来,深耕企业参与专业评价,探索出企业全过程参与、全方位监控、全链条保障的"522"模式。《深化新时代教育评价改革总体方案》提出要"扩大行业企业参与评价",为学校深耕企业参与评价厚植了土壤。近年来,学校构建了由第三方组织与推动的企业参与专业评价应用与推广机制,把"522"模式推广到江苏、陕西、天津等9个省区市的34个专业,为推动校企共育未来"大国工匠"贡献了"广轻"智慧。

二、主要措施

(一)打造"五参与"全过程评价链条,企业评价渗透学校办学各个环节

学校将企业参与植入人才培养各个环节,打造"五参与"的全过程评价链条,将企业评价转化为办学质量提升的动力。一是从源头发力,企业参与评价培养方案与课程标准论证。重点评价行业规范、职业标准、资格证书、赛项任务是否纳入培养体系与教学目标,促进专业培养目标与岗位群对接;二是强化过程把控,企业参与课堂教学评价。重点考查价值塑造、新知识、新技术、新工艺、新规范等是否纳入教学内容、融入教学活动,促进专业育人过程与职业素养对接;三是注重结果测评,企业参与评价顶岗实习和毕业论文(设计)。重点反馈学生在岗表现、论文(设计)是否满足行业企业岗位技能需求,促进专业管理水平与育人成效对接;四是跟踪出口反馈,企业参与雇主满意度调查,评价毕业生的招聘竞争力、岗位表现力等,促进专业优化焦点与用人需求对接;五是综合评价提质,企业参与专业每三年一次的诊断评价。聚焦专业对学生学习成果获得的条件保障、过程控制、结果输出等指标,企业评价专业的优势与短板,校企共定专业改进的增值目标、共商改进的三年行动方案,促进专业改进与产业发展对接,增强了专业培养"上手快、后劲足""德技并修"学生的适应性。

(二)实施"两类标准化"全方位监控,提高企业评价的专业性和有效性

学校着力推进评价内容和方法、评价平台和流程的标准化,提高企业评价实效性。一是标准化企业评价"五参与"的内容与方法,校企共定企业参与监控的评价标准与规

范,多年来陆续制定了《“自我诊断+企业参与”专业评价实施方案》《线上教学“五位一体”课堂教学评价指南》等 14 个评价标准、16 个工作规范、19 项制度或方案,规范企业参与评价的行为,确保企业评价能够说到点子上;二是标准化企业评价“五参与”的监控平台与反馈途径,校企共同开发雇主满意度等 4 个数据采集反馈系统、评价工具,制作“码上学”的数字化培训资源,以信息化手段测评授课质量、毕业生雇主满意度等,便于教师利用评价结果有效改进。此外,学校还通过召开教研活动、论证会、研讨会、发布报告等方式,进一步加强评价反馈,让企业在“双主体”育人中能站到主角上、说到点子上、用到教学上。

(三)加强“两项制度化”全链条保障,让企业成为专业评价的实际主体

学校从制度建设入手,打通校内校外壁垒,多渠道整合行业企业参与评价,架起了校企共定专业改进增值目标、共商专业改进行动方案的“彩虹桥”。一是加强组织保障,打造“一站式”评价机构。依托职教集团成立的第三方评价委员会,校外吸纳 52 家企业作为评价委成员,校内依托教学督导室作为执行机构,定期对专业进行全方位评价,从顶层设计上进行引领。与此同时,校院两级督导队伍广泛吸纳行业企业参加,每个专业至少有 1 名合作企业代表、每个专业群内至少有 1 名行业代表,确保所有专业建设都有企业的身影;二是加强激励保障,出台“一揽子”政策。《行业企业参与质量监控的实施方案》将企业参与评教率、校企深度融合共督共管教学全过程、企业参与顶岗实习调查纳入二级学院绩效考核,推动全校重视企业评价的价值和作用,提高人才培养目标对行业企业真实岗位能力需求的反应速度,增强了专业瞄准技术变革和产业优化升级的适应性。

三、取得成效

企业参与的“522”模式解决了企业参与评价存在的环节缺乏全过程性、运行机制缺乏规范性、保障体系缺乏协同性的“三缺”问题,实现了企业深度参与评价过程的“真”、评价结果的“质”、增值评价的“进”。“522”模式获 2019 年广东省职业教育教学成果奖一等奖,2021 年又获广东省教育评价改革试点推广项目。

(一)人才培养、专业建设成效质量高

实施以来,“522”模式赋能全校专业建设结硕果,学生发展显成效。全校立项 2 个国家双高建设专业群、3 个国家现代学徒制试点,教师团队连续两年斩获全国教师信息化大赛一等奖,学生获国家级和全国性奖项 202 项,千余家雇主对学生的满意度由 3.89 提升到 4.23(5 分制)。

(二)引领同行、品牌特色知名度高

“学生—教师—雇主”满意度调查标准和系统被广东省教育厅用于对全省高职院校的“创强考核”;全国轻工行指委 2 次发文推广, 34 个专业建成样板专业网站 5 个、样板专业案例 29 个,并为江苏等 5 省 17 个通过专业颁发证书;企业参与专业评价 4 次入选国家、省质量年报典型案例,获省深化新时代教育评价改革征文三等奖;《产教深度融合 打造企业评教“522”模式》等 30 余篇案例在《人民日报》《中国教育报》等 10 多家国家媒体刊载。

☞"企业参与人才培养质量评价",广东省高职院校质量年报案例,2017

企业参与人才培养质量评价

广东轻工职教集团通过理事会设立以企业人员为主体的"专业人才培养质量评价委员会"(以下简称"评价委员会"),按照关注学生成长成才、满足行业企业用人需求的理念,从专业办学的核心保障条件、专业发展社会声誉、服务对象的教学价值满意度、优秀学生技能竞赛或创新创业大赛表现四大维度构建了评价指标体系。坚持"自主参与、目标导向、背景参照、校企互通、结果共商"的原则,集合广东轻工职业技术学院自主开发的"教师授课质量评教管理系统""用人单位(雇主)满意度调查系统""教学质量学生满意度调查系统"三大信息化平台,探索由职教集团"评价委员会"组织企业专家开展的试点专业评价工作,打造多方协同参与的人才培养质量保证机制(图3)。

图3 "自我诊断+企业评价"

附录 2：校本优秀案例

☞ 学校：与企业同行构建质量保证体系，2024

双贯穿，两驱动，七维度，一聚焦：与企同行构建“四有”质量保证体系

自《教育部办公厅关于建立职业院校教学工作诊断与改进制度的通知》（教职成厅〔2015〕2 号）等文件出台至今，职业院校围绕诊改做了大量工作，不断完善内部质量保证体系，为职业教育快速发展奠定了坚持的基础。但从高质量发展的视角来看，仍然存在质量意识不强、内生动力不足、评价体系不全、微观实践不多等问题，且企业参与专业办学全过程的质量评价还不能完全适应培养高技能人才满足国家新质生产力加快形成的新要求。

一、实施背景

2018 年学校立项为广东省诊改试点校，同年成为“广东省诊改专委会主任委员单位”。2019 年起，学校对原有的“四共一通”教学质量保证体系进行拓展延伸，聚焦薄弱环节、围绕五横五纵，构建“双贯穿、两驱动、七维度、一聚焦”的“四有”质保体系。体系以党建思想为经，以机电文化为纬，遵循“学生中心、成果导向、持续改进”的质量理念，全方位植入育人元素，回归“为谁培养人”的初心，让诊改“有灵魂”。体系将国家、行业企业和学生三方要求转变为目标牵引力，用成果贡献评价激发师生行动执行力，创新“考核奖惩、绩效评价、监测问责”等质量内控链条，让诊改目标链和标准链融合“有动力”。体系原创性提出“契合度、保障度、有效度、达成度、满意度、贡献度、认可度”七度一体的质量评价模型，在学校、专业、课程、教师和学生 5 个层面形成 504 个质控点，依托北京希嘉大数据信息平台，让诊改“有量度”；率先在广东高职院校中引入职业能力等级标准，出台标准并实施有效课堂质量认证标准，让诊改“有地气”，实现学校从省示范校到一流校，从国家优质校再到双高校的蝶变（图 1）。

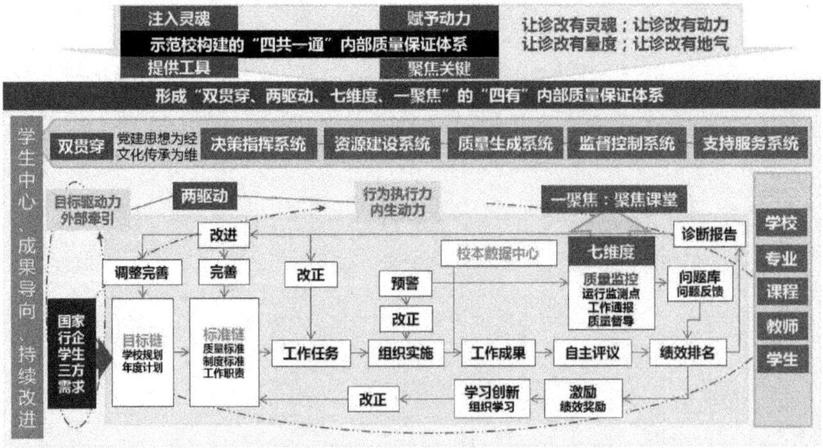

图 1　“四有”内部质量保证体系基本框架

二、实施成效

基于职业能力等级标准,融入行企岗位要求,贯穿内外循环,将外部企业的人才培养质量需求引入质量保证体系,“四合为一”打造“两链”,创新性将国家、行业企业和师生三方需求注入目标链形成牵引力,将“质量诊改、双高计划、提质培优、扩容提质强服务”等重大行动计划内化为发展驱动力(图 2)。

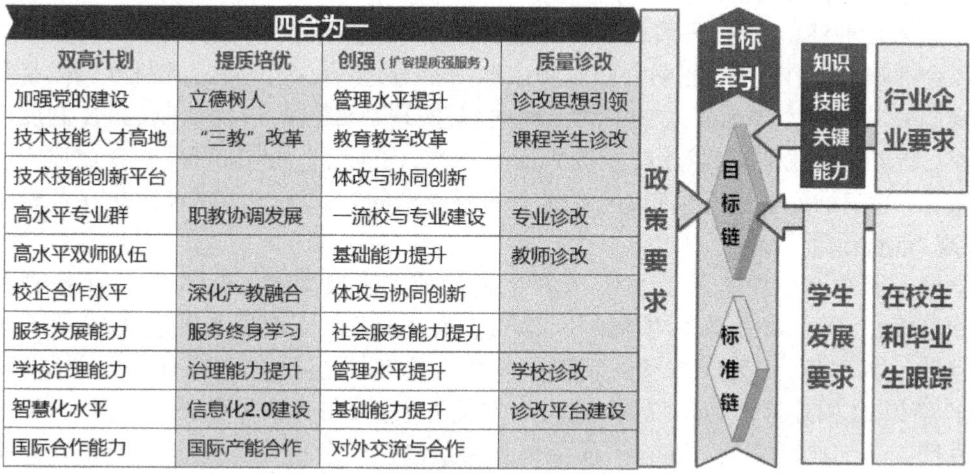

图 2　外部需求内化为目标牵引力

通过问题驱动,建立“目标设定—项目推进—达成考核”的考核奖惩链、“预算下达—执行进度—产出评价”的绩效评价链、“问题发现—持续改进—效果评估”的监测问责链,将质保体系建设与绩效考核融为一体,9 张表具象 8 字螺旋的大小循环,用成果贡献激发出行动执行力,形成“目标牵引、成果导向”的诊改驱动机制(图 3)。

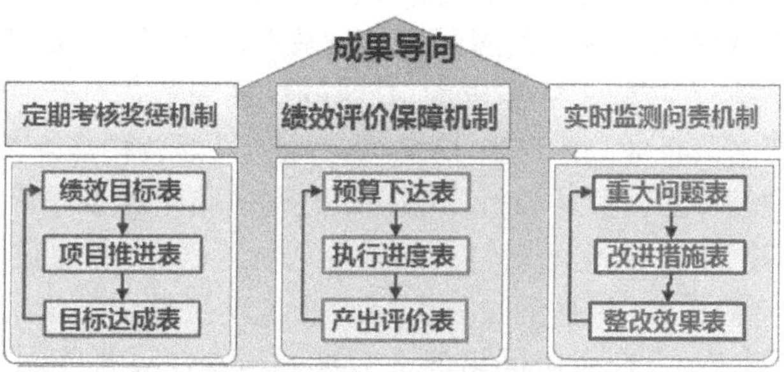

图 3　成果贡献激发行动执行力

1. 引入企业评价标准,开展中高本一体化教学标准研制,推动职业教育等级标准建设

面向粤港澳大湾区产业升级人才需求,依托广东机电职教集团,引入行业标准、职业标准和岗位规范,按照“知识、技能和关键能力”三个维度,衔接中职—高职—本科制定《广东机电职教集团人才培养与使用标准》,打通从低到高的职业能力等级评价标准体系并据此编制《专业教学标准》《课程标准》《实训基地建设标准》。数控技术专业承接了广东省首批

行业能力标准研制项目,制定了省级地方标准3部,发布了广东省地方团体标准《机械制造业能力标准》。2019年以来,承担了《高职本科衔接专业教学标准研制》《汽车检测与维修专业现代学徒制专业教学标准》等多项广东省中高本衔接教学标准重点研究课题,作为主要成员参与了教育部职教所国家资历框架标准项目的研制工作。职业能力等级标准等质量文件被马来西亚新纪元大学等共建"一带一路"国家的院校采纳,并且输出数控技术、汽车检测与维修技术、应用电子技术和机电一体化技术等5个《专业教学标准》等质量文件,对外传播机电质量管理的好声音。

2. 引入企业评价资源,开展岗课赛证融合课程体系教学改革,培养高技术技能人才

以企业典型工作项目、证书资质竞赛内容为牵引,整合课程模块与课程内容,将技能竞赛的操作要求和技术规范嵌入学生的实训内容,实现"课赛融合"。研制《1+X制度试点工作方案》等文件,分解国家职业技能等级证书标准,构建起"企业认可度—专业适应度—学生满意度"的三维证书遴选机制,把不同证书所要求的知识和技能要求内化在各教学模块中,实现"课证融通"。

学校不断总结质保体系建设和诊改经验,形成多个典型案例。如2020年报送的《"八字螺旋诊改,七项计划引领,两项机制保障",诊改助推双师型教师队伍建设》入选全国职业院校诊改优秀案例,成为广东省高职院校4个入选案例之一;作为主任单位总结的《探索"五动"新模式 构建诊改新格局》入选广东省优秀案例,在产教融合、校企合作方面有多个案例入选工信部典型案例。"四有"质保体系目前已在广东轻工职业技术学院、广东交通职业技术学院和海南职业技术学院等省内外20余所职业院校直接应用,其中佛山市南海盐步职业技术学校通过国家诊改复核。

☞ 专业群:引入企业工作项目与岗位技能评价标准,2024

"情境交替、三层递进"打造精密模具智能制造新质人才

模具制造是广东重要产业,服务于广东"十四五"规划重点"双十产业集群"高端装备制造产业集群。精密模具智能制造是大湾区模具制造业向高端发展的重要方向,处于数字化智能化转型期,对高端技术技能人才需求大,技术的发展和融合对专业群人才培养带来新的机遇。行业转型时期制造企业"招工难、技工荒,不稳定"等各种痛点交织,影响到制造业的发展,给人才培养带来新的问题。同时,当前高职教育面临生源多样化,培养目标不清、培养种类繁杂、资源共享差、学生个性化发展需求强等现状。因此,数控技术专业群适应大湾区精密模具智能制造产业需求,企业全过程参与专业建设与教学评价,探索"情境交替、三层递进"的人才培养模式改革,校企协同培养适应湾区精密模具智能制造产业需求的高技术技能人才。

一、主要举措

1. 引入企业工作项目评价标准,探索"情境交替、三层递进"专业群人才培养模式

专业群引入企业项目评价标准,采用"1.5+3.5"学习模式,根据情境交替需求调整人才培养方案。"1.5+3.5"学习模式内涵包括:每周1天实训课,学生作为企业员工角色在教学

工厂进行实训操作,训练和学习技术技能项目或创新项目,结合理论课程中实验实操项目达到1.5天实操训练模式;另外3.5天在课程的课堂情境学习。学生技术技能训练按照企业能力培养评价标准,分为基本技术技能、数字技术技能、综合技术技能三个层次;学习课程分为专业群平台课、方向课、拓展课三个层次。教学工厂情境的技术技能项目和课程课堂情境的理论学习交替进行、三层递进,逐步达成技术技能培养目标(图4)(图5)。

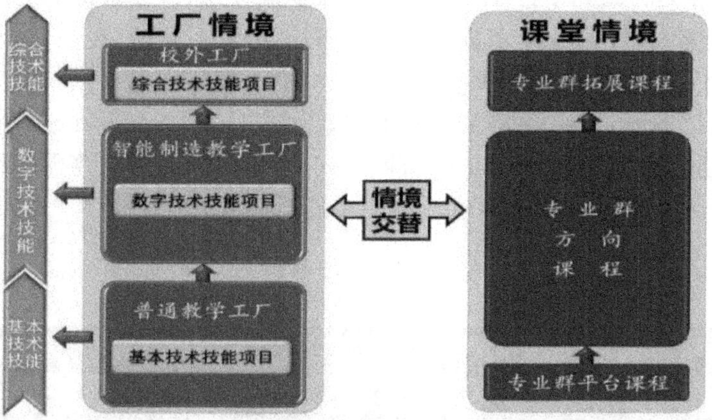

图4 人才培养模式

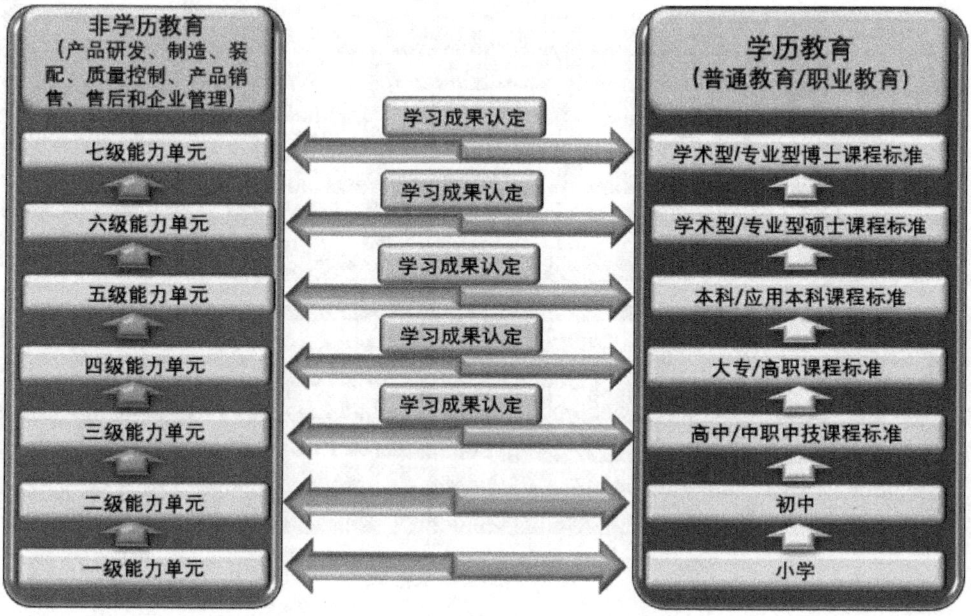

图5 成果导向的终身学习标准体系

"情境交替、三层递进"是指:在第1学年打通各专业教学,共同学习平台课和基础技术技能项目,在第2和第3学年以学生自由选择课程超市和模块化教学激发学习兴趣,解决学生学习目标不明、实践不强、兴趣不高、紧跟技术发展不够等问题。企业项目来自企业和学校技术创新团队,培养模式获广东省教学成果奖一等奖、二等奖共2项。

2. 引入企业岗位技能培养评价需求，构建“三能力递进 四岗位衔接”课程体系

按照“情境交替，三层递进”人才培养模式，对接课程标准与职业能力标准，构建“三能力递进 四岗位衔接”的课程体系。基于《广东终身教育资历框架等级标准》，建立成果导向的终身学习标准体系以及机械制造行业“分级分类岗位矩阵”，确定数控专业群人才培养目标体系，研制精密模具制造产业具体岗位的职业能力标准。以专业群目标岗位能力标准模块为基础，构建成果导向的学校课程模块和企业培训模块，以职业能力等级为依据，构建能够上下衔接的课程体系，打通学历教育与非学历培训隔阂；将政、校、行、企等多种单位合作的产业学院、现代学徒制、订单班等企业项目培训引入校内成为技术技能项目，和理论课程形成交替，按照技术相近、岗位相关的原则，基于“模具设计、精密制造、产线设计、产线维护”生产链，构建专业群四个专业的平台课、方向课和拓展课，解决生源多样化，培养种类繁杂、资源共享差、学生个性化发展需求得不到满足等不能适应新质生产力发展的教学瓶颈问题（图 6）。

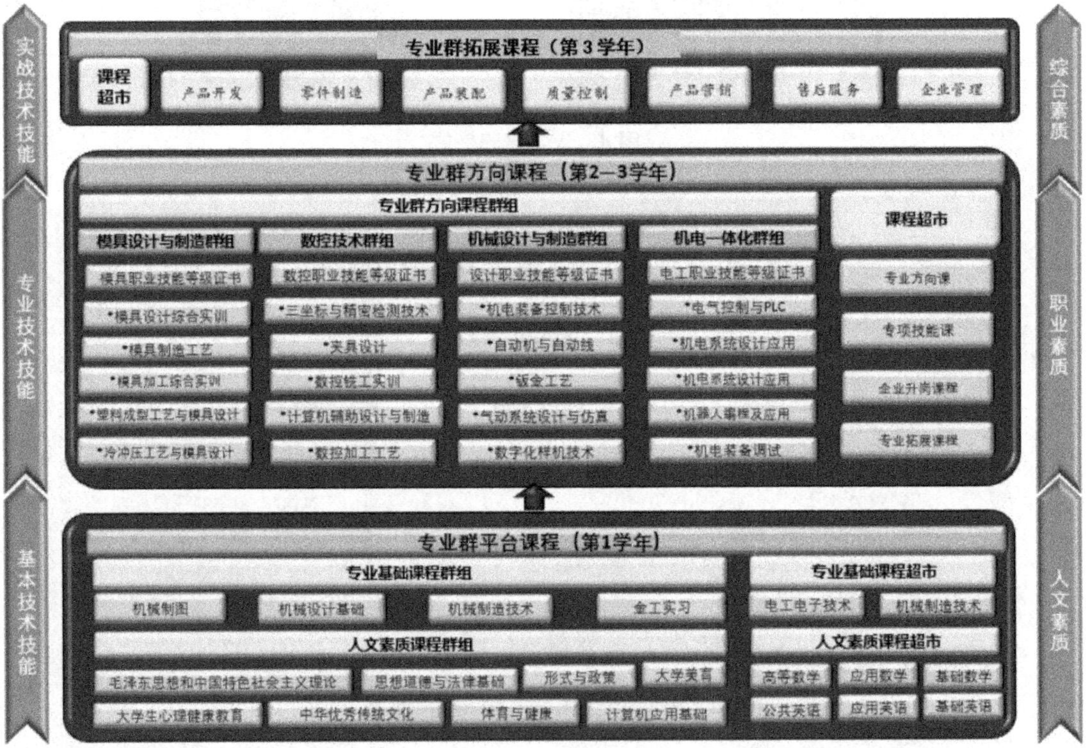

图 6　课程体系框架

二、实施成效

专业群内，数控技术专业在金平果专业竞争力排名中位于广东省第 1，全国第 16，是全国职业院校装备制造类示范专业点，3 个专业均为国家骨干专业。专业群与银宝山新等头部企业共建产业学院 3 个，虚拟仿真实训中心国家级 2 个、省级 2 个，实践教学基地国家级

1 个、省级 5 个,协同创新中心国家级 1 个、省级 1 个,开展省级现代学徒制试点 7 个,支持培育产教融合型企业国家级 1 家、省级 14 家。

近 5 年,累计开发完成 7 本国家规划教材、建设 12 门省级精品课程、“战疫课堂”课程思政典型案例获奖国家级 2 项;建设教学团队国家级 2 支、省级 5 支,获教学名师、领军人才国家级 1 人、省级 5 人,技术能手国家级 6 人、省级 6 人;教师教学能力比赛获奖国家级 4 人次、省级 36 人次。

近 5 年,超过 91.9%的毕业生流入粤港澳大湾区先进制造业。学生技能竞赛获奖国家级 8 项、省级 52 项,“挑战杯”获奖省级 21 项,“互联网+”创新创业获奖省级 10 项;累计获国家教学成果奖 1 项、省教育教学成果奖 2 项。与马来西亚新世纪职业技术学院共建“鲁班工坊”,共同开展数控技术专业、机电一体化等专业的招生和人才培养,每年开展国(境)外培训达到 2712 人日。累计开发职业教育等级证书高级证书标准、机械制造业能力标准、数控铣工中高级标准(英文版)等 3 个,培养全日制国际留学生 80 人。

☞ 专业:融入企业育人评价标准,2024 年

“三双三共三全”:企业育人评价标准全程融入现代学徒制改革

广东机电职业技术学院汽车电子技术专业服务粤港澳大湾区双十战略汽车产业集群。专业依托广东机电职教集团办学优势,对接新能源汽车制造业,以及战略新型产业高端化、数字化、智能化、绿色化发展要求,与小鹏汽车深化产教融合、校企合作构建教育链、产业链、人才链、创新链协同发展新机制。专业根据小鹏汽车智造岗需求,将企业育人评价标准全程融入人才培养方案制定、专业课程体系重构、专业核心课程开发、活页式工作手册式教材以及数字化资源建设,探索中国特色现代新型学徒制,形成为企业技术技能人才紧缺领域储能、赋能的人才培养与职工技术培训新生态。

一、主要举措

校企共建“三双三共三全”的育人机制,根据新能源汽车电子技术现代学徒制的特点,创新“三阶段—四环节—四融入”教学模式。

“三双”:校企双主体、学徒双身份、训授双场所;“三共”:校企双方共同招生、共同培养、共同评价;“三全”:紧紧围绕“立德树人”根本任务,强化全员育人协同机制,营造全过程育人环境,建设全方位育人平台。学校教师指导学生通过仿真软件模拟岗位实训操作,企业师傅指导学徒岗位实践操作,通过“异地同步”教学模式实施三全育人。

三阶段:以项目为载体,将教学实施过程分为课前深挖需求,课中乐学技能,课后拓展应用三个阶段。四环节:将课中的教学实施阶段分解为四个环节,即环节 1 懂理论、环节 2 定流程、环节 3 练操作、环节 4 善总结,环环相扣,层层推进。四融入:在每个环节分别融入企业文化和岗位要求、技术标准和技能标准、职业素养和思政元素、创新意识和创新思维,潜移默化提升职业技能与职业素养。

1. 对接企业全产业链,校企双驱引领改革

聚焦智能制造产业,发挥校企“双主体”优势,依据行业企业标准和专业教学标准,结合

典型岗位工作任务、校企合作共建小鹏新能源汽车全产业链岗位需求知识图谱和技能图谱，“双场所”训授。“零距离、冒热气、不松劲”，建立科教融汇、产教融合的“强关系”，培养适合小鹏新能源汽车岗位全链条的高技能人才（图7）。

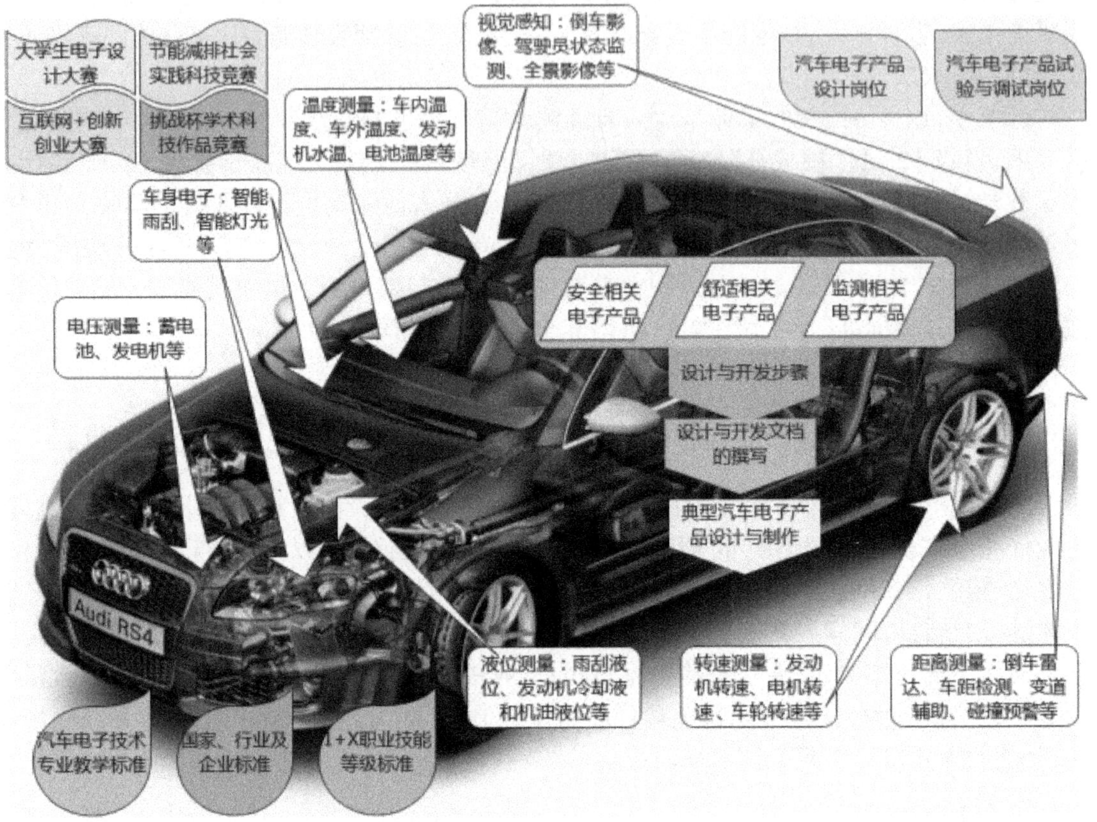

图7　小鹏汽车全产业链对应学徒岗位

2. 对接返岗应用目标，重构学徒培养内容

以返岗应用为目标，重构学徒培养教学内容。紧紧围绕新能源智能汽车整车制造合作企业学徒岗位能力需求，以培养学生技术能力为本位，提炼关键技能点；依据学徒岗位能力需求、职业技能需求、创新能力需求，校企合作重构教学内容、开发活页式教材、构建学习情景、划分学习任务、细化教学活动，并根据学徒生源灵活调整教学内容与教学计划范畴，实现所有教学内容均能支撑学生返岗应用的教学目标。以汽车电子产品设计与制作课程为例，教学内容重构与关键技能点提炼流程（图8）。

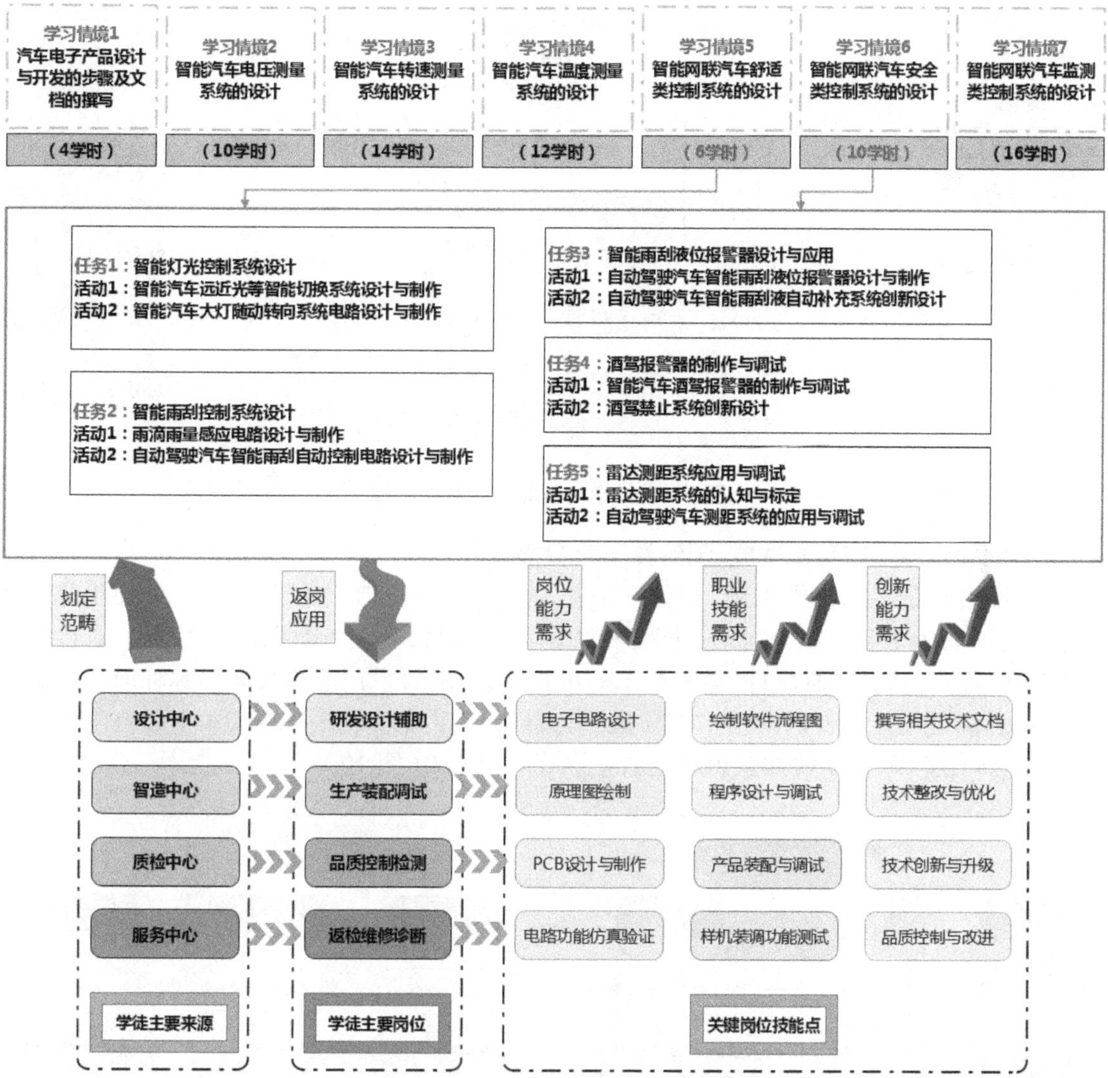

图 8　以返岗应用为目标重构学徒培养课程内容

3. 对接岗位典型工作任务,探索混合式教学模式

学徒制的课堂教学线上依托超星平台,线下依托产教融合实训基地,总体上划分为课前准备、课中导学、课后拓展 3 个环节,通过异地(学生和师傅在企业、教师在学校)同步(同一计划进程)教学,形成线上有资源、线下练实操、过程全评价的教学实施过程(图 9)。

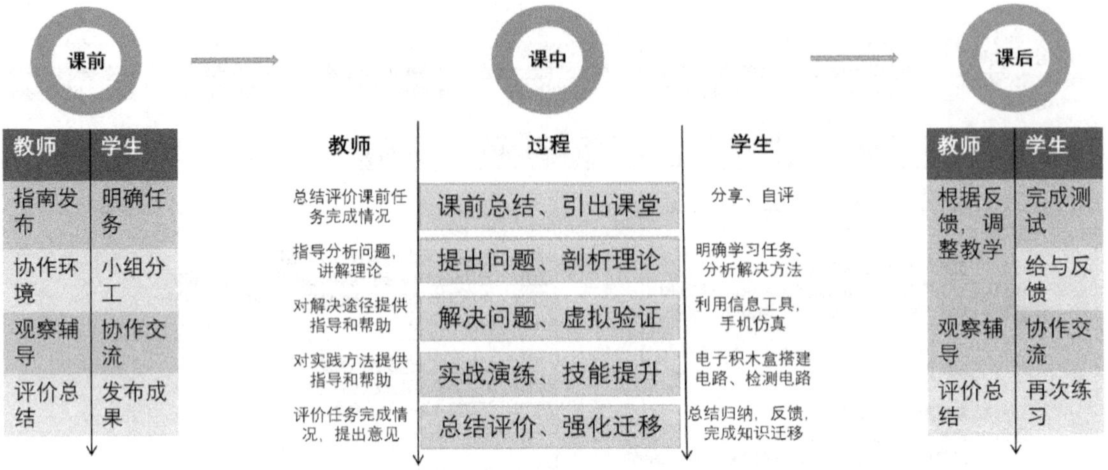

图 9　现代学徒制混合式教学过程

4. 对接企业生产目标达成,创新教学组织模式

按照"寓工于学,寓学于岗"的教学理念,充分利用典型工作任务内容易于细化分解的特点,对不同的学习内容分门别类匹配最优的教学方法,实现"岗课赛证融通"。对接企业真实工作场景,依托仿真软件、电子积木等虚拟实训场景,采用混合式教学弥补前期基础知识不稳和岗位技能不专的学情,"三阶段—四环节—四融入",着力培养学生的自主学习意识、质量责任意识、团队协作意识和创新思维等职业素养(图 10)。

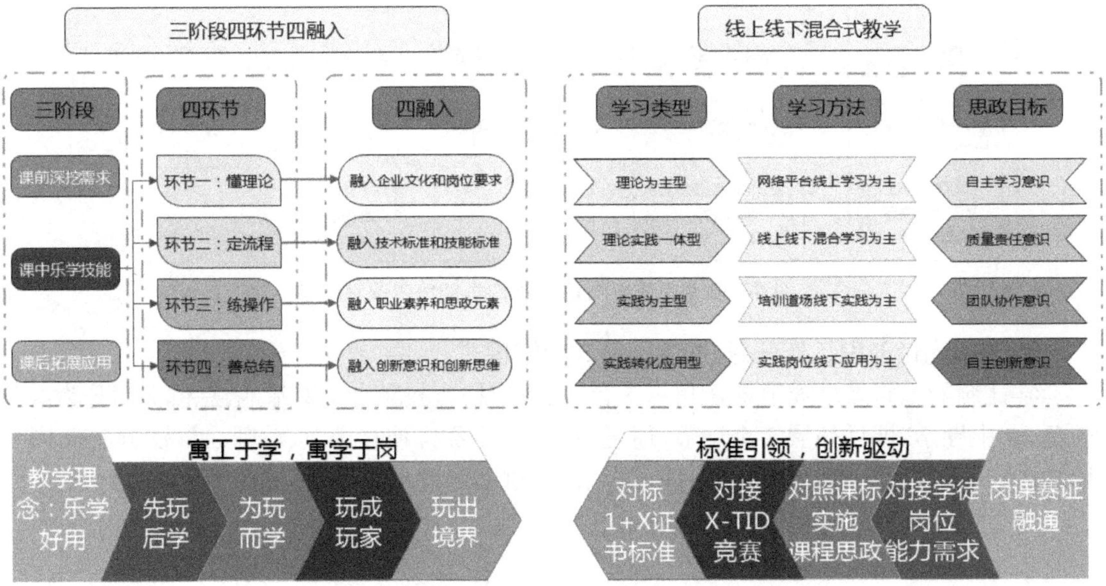

图 10　现代学徒制教学模式

5. 融入企业能手评比,建立多元多维教学评价体系

结合线上教学平台统计、分析和评价功能,探索线下实操过程师徒互动剖绘等"多主体、多维度、全过程"评价方式,构建企业全程参与的教学评价体系(图 11)。

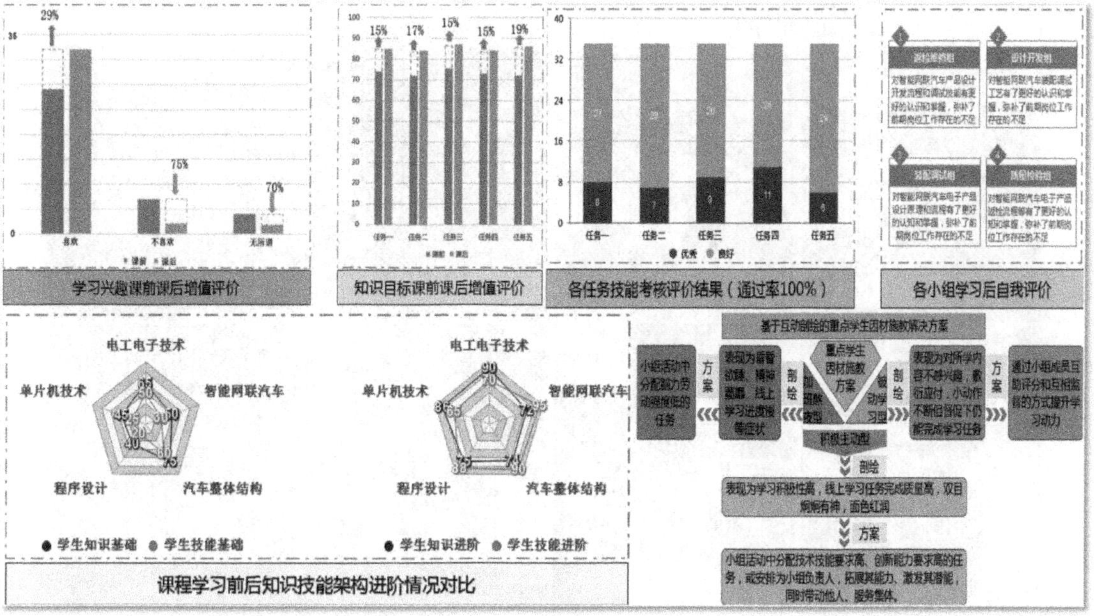

图 11 教学评价体系

二、实施成效

1. 岗课赛证融合企业智能产品开发评价标准，培养现代学徒人才质量高

以智能网联汽车 X-TID 全国高校探索者大赛规程、新能源汽车装调与测试 1+X 职业技能等级证书标准、企业现代学徒制试点学生当前工作岗位能力要求为依托重组教学内容，根据企业紧缺人才培养需求，强化课程实践特征，实现岗课赛证深度融合，培养一批精操作、懂工艺、善协作、能创新的员工，实现了储能人才、赋能企业为目标。

通过探索构建中职院校—小鹏汽车—广机电三方联盟，开源和培优相结合，面向更多中职生源开源开展现代学徒制试点。近 3 年，专业平均每年接收学生 40 余人到企业实习学徒制，培养的学生在全国职业技能大赛上获得国家级奖项 3 项、省级 22 项，“挑战杯”竞赛获奖 13 项，为汽车电子技术专业现代学制人才培养模式的探索蹚出了一条新路。

2. 真实环境融合校企双导师师徒剖绘评价活动，培养现代学徒课堂生态好

校企联合开发课程，根据线上学习进度、线下学习表现等，进行教学互动剖绘，挖掘学生好学、懒学、困学原因，并在线下教学环节对学生进行针对性的兴趣强化和兴趣激发，共同开发虚实结合的学校课堂及企业学堂授课场景（图 12）。

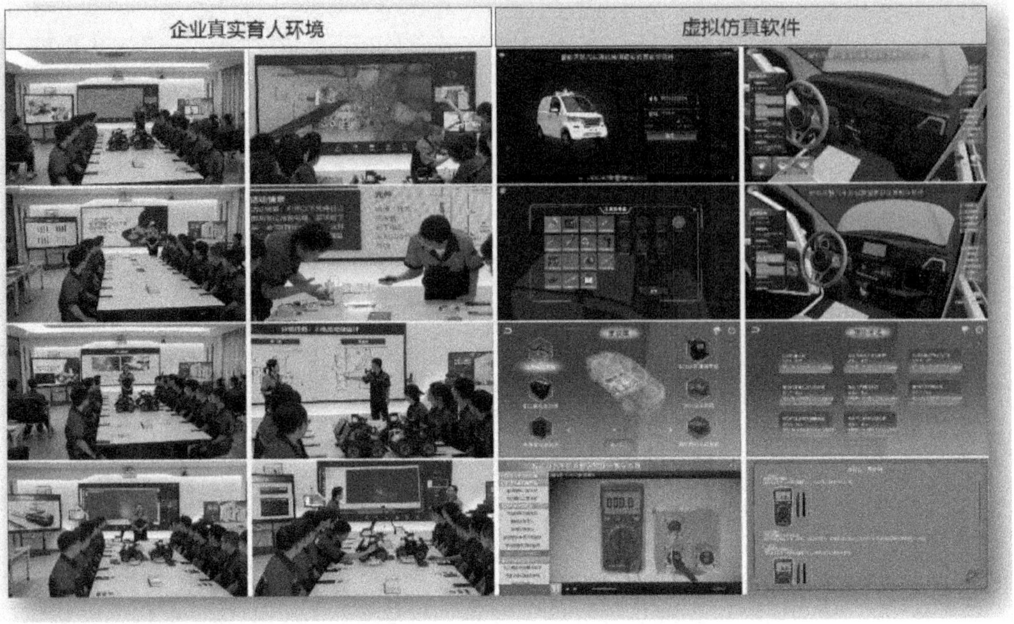

图 12　企业真实育人环境与虚拟仿真教学环境相结合

专业组建混编汽车虚拟仿真开发团队，从单个车型、车型仿真库、虚拟场景库到汽车元宇宙，开发了小鹏、大众、吉利、卡罗拉四款新能源汽车仿真车型。12 名团队成员来自汽车学院、人工智能学院、计算机学院、设计学院、公共管理学院，其中：2 人负责故障设计、2 人负责故障验证，2 人负责模型搭建，2 人负责渲染和动作设计，2 人负责场景开发，1 人负责脚本撰写，1 人负责数据管理，将教师的数字化创新动能转化为数字化学习资源。车型上传至云端供学生学习汽车故障分析、故障检修等实操技能。通过引入龙头标杆企业技能评价标准与评价工具量表，以数据共享的方式将虚拟仿真软件平台实践操作成绩和学习记录导入网络学习平台，集成分析学生虚拟仿真实践训练成效，支撑教师分阶段对学生开展增值性评价（图 13）。

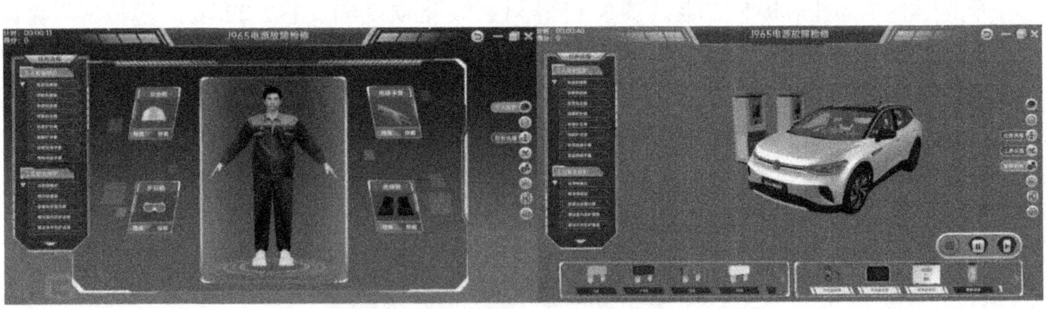

图 13　新能源汽车维修虚拟仿真

专业"零距离、冒热气、不松劲"，建立科教融汇、产教融合的"强关系"。一是结合学生员工双身份，引入企业年度考核、季度考核、岗位练兵、技能比武等员工进阶激励机制，建立科研反哺教学赋能机制。二是依托学校省级政策咨询基地——科教融汇高质量发展研究中心,按照学校科研科普双育人的“三进两赛”模式,围绕知识转化、设备转化、技能转化,将教师与企业共同解决技术瓶颈的研发成果转化成基础性教学内容、模块化课程实验、研究性教学案例、挑战性研究项目,编入教材、融入实验指导书,引进课堂教学与实训实验教学。三是引入企业评价机制,鼓励学生开展创新,包括方法创新、技术创新和工艺创新等,和学校老师、企业师傅共同作为发明人申请专利,激发学生的科学意识、科学方法和科学精神。引导教师将本领域的新方法、新技术、新工艺、新标准及时引入课堂教学和教材建设,推动科研优势转化为教学优势,促进产科教互动融合育人。

参考文献

[1] 刘春生,张宇,柴彦辉.企业参与职业教育的现实条件与激励策略[J].中国职业技术教育,2006(30):16-17.

[2] 曾宪明.论企业参与职业教育激励机制缺失的原因与对策[J].职业技术教育,2008(4):45-47.

[3] 霍丽娟,刘新起,李虎斌,等.企业参与校企合作的意愿调查与分析:以河北省企业为例[J].职业技术教育,2009(34):35-39.

[4] 左淑芬.职业学校教学质量评价体系建设及其实践[J].职业技术教育,2010(2):75-77.

[5] 冯树清,田书芹.企业参与职业教育的研究述评[J].成人教育,2011(9):47-48.

[6] 闫飞龙.高等教育评价制度中的权力及其分配[J].教育研究,2012(4):122-127.

[7] 苟维杰,王丽红,凌红.将企业文化导入教学评价体系[J].教育与职业,2012(7):79-80.

[8] 童卫军,范怡瑜.行业企业参与职业教育运行模式研究[J].教育发展研究,2012(11):25-28.

[9] 李志义.紧紧牵住"牛鼻子"审核评估就不会"跑偏"[J].高教发展与评估,2013(5):1-11.

[10] 魏中林,赵鹏飞,吴念香,等.改造与优化 建设高职院校质量管理平台[J].中国高等教育,2013(5):45-46.

[11] 李志义.审核评估范围结构及内涵解析[J].中国大学教学,2013(9):74-78.

[12] 李青,袁宜英,贺秋芳.企业参与顶岗实习质量评价的探索与实践[J].中国职业技术教育,2013(30):25-28.

[13] 袁益民.审核评估:关注内部质量保障的院校评审[J].高教发展与评估,2013(30):1-9.

[14] 李青,吴念香,张坚雄,等."三主体"协同参与 转变人才培养质量跟踪评价范式[J].中国高等教育,2014(Z1):64-66.

[15] 袁宜英,吴念香,张坚雄,等.高职院校质量监控抓手:教学质量学生满意度调查系统建设[J].中国职业技术教育.2014(13):83-87.

[16] 潘海生,马晓恒.职业教育中企业办学主体地位的内涵解读及政策启示[J].职教论坛,2014(22):9-14.

[17] 袁益民.审核评估:如何有效使用专业的评审方法及技术[J].高教发展与评估,2014(1):16-19.

[18] 宋专茂,罗三桂.审核评估下校内专业分类评估指标体系的整合性建构[J].现代教育管理,2015(5):86-90.

[19] 冉云芳,石伟平.企业参与职业院校校企合作成本、收益构成及差异性:基于浙江和上海67家企业的调查[J].高等教育研究,2015(9):56-66.

[20] 袁宜英,吴念香,李青,等.基于教师视角的学生学习成果评价研究与实践[J].中国职业

技术教育,2015(18):59-62.

[21] 赵俊梅,王军红. 德国“双元制”模式企业满意度评价及启示[J]. 中国职业技术教育,2015(24):58-64.

[22] 张宏亮. 行业企业参与职业教育质量评价研究:指标体系、实施路径及保障机制[J]. 中国职业技术教育,2015(33):5-10.

[23] 潘海生,高常水. 企业参与职业教育策略变迁机理及政策启示[J]. 教育研究,2016(8):64-69.

[24] 多淑杰. 我国企业参与职业教育的制度困境与突破[J]. 中国职业技术教育,2016(24):5-10.

[25] 李俊. 德国职业教育的想象、现实与启示[J]. 外国教育研究,2016(43):14-24.

[26] 李梦卿,刘晶晶,刘占山. 职业教育第三方评价的价值原旨、需求功能与趋势常态:基于2017年福建省职业教育教学成果奖评审的思考[J]. 教育发展研究,2018(6):34-40.

[27] 刘晓梅. 行业协会参与职业教育产教深度融合研究[J]. 教育与职业,2018(17):29-35.

[28] 李青,袁宜英,张成玉,等. 企业参与专业诊断的探索与实践[J]. 中国职业技术教育,2018(11):88-91.

[29] 李青. 基于建构型“自我诊断+企业参与”的专业教学评价指标体系构建研究[J]. 中国职业技术教育,2018(35):53-58.

[30] 王玉洁,张国锋. 基于评价引导教学的行业企业参与教学评价机制研究[J]. 教育与职业,2019(2):87-89.

[31] 李亚东,朱伟文. 从“跟随”到“领跑”:高等教育专业认证发展道路探析[J]. 比较教育研究,2019(5):50-57.

[32] 郝天聪,石伟平. 从松散联结到实体嵌入:职业教育产教融合的困境及其突破[J]. 教育研究,2019(7):102-110.

[33] 李青,卢坤建,郑若诗,等.“四位一体”三结合精准开展课堂教学评价的探索与实践[J]. 中国职业技术教育,2019(17):59-62.

[34] 赵昕,许进军. 欧盟国家企业参与职业教育的经验及对我国产教融合型企业建设的启示[J]. 中国职业技术教育,2019(18):11-16.

[35] 朱成晨,闫广芬. 精神与逻辑:职业教育的技术理性与跨界思维[J]. 教育研究,2020(7):109-122.

[36] 许宇飞,罗尧成,陈林,等. 德国企业参与职业教育的动因、角色及启示[J]. 职业教育研究,2020(11):92-96.

[37] 张龙. 基于企业主体的高职院校专业课程课堂教学评价机制研究[J]. 教育与职业,2021(3):53-56.

[38] 冉云芳. 企业参与职业教育校企合作的影响机理研究:基于计划行为理论的解释框架[J]. 教育发展研究,2021(7):44-51.

[39] 李彦. 美国职业教育专业认证体系分析与借鉴:以汽车维修技术专业为例[J]. 中国现代教育装备,2021(10):161-163,175.

[40] 许世建,魏立君. 企业参与职业教育办学的政府注意力演化:基于1978—2021年国家产

教融合政策的文本分析[J]. 职教论坛,2022(6):13-20.

[41] SCHOFIELD K. An industry-led system: issues for policy, practice and practitioners: report 2-issues for policy[M]. Broadway: OVAL Research, 2003.

[42] 李青. 高职院校人才培养质量监控体系实践研究:多元 协同 赋能[M]. 广州:广东高等教育出版社,2017.

[43] 许世建. 财税政策激励企业参与职业教育办学研究[M]. 北京:经济科学出版社,2021.

[44] 凯斯·桑坦斯. 信息乌托邦[M]. 毕竞悦,译. 北京:法律出版社,2008.

[45] 李青. 优质课堂要抓好教学评价"三结合"[N]. 中国教育报,2018-12-25(11).

[46] 魏敏. 广东轻工职业技术学院:校企协同提升实习成效[N]. 中国教育报,2019-01-22(4).

[47] 李青. 产教深度融合 打造企业评价"522"模式[N]. 中国教育报,2021-01-29(7).

[48] 卢坤建. 创新教学四个评价让课堂"活"起来[N]. 中国教育报,2021-01-19(4).

[49] 李青,高原,周红莉. 广东轻工:让企业在评价中"唱主角",推动校企协同育人[N]. 中国教育报,2022-03-28(4).

[50] 李青,高原. 第三方"指尖"真评价,助力广东高职高质量发展再上新台阶[N]. 中国教育报,2022-05-23(4).

[51] 李青."五参与两标准两提升",校企奏响"双主体"融合育人进行曲[EB/OL]. 人民日报,(2020-08-17)[2022-11-08].https://wap.peopleapp.com/article/5854722/5774458.

[52] 李青,陈肖生. 广轻工:学生评教"五度"并举,孕育诚信与担当[EB/OL]. 人民日报,(2021-01-14)[2022-04-08].https://wap.peopleapp.com/article/6108632/6018198.

[53] 李青,高原. 引企评教,全程参与! 广轻职院"协同育人"谱新篇[EB/OL]. 闪电新闻,(2021-12-07)[2022-11-08].https://sdxw.iqilu.com/share/YS0yMS0xMDQzOTc5Mw.html.

[54] 李青. 线上教育咋保质量? 广东轻工:多元督学来帮忙[EB/OL]. 人民日报,(2020-06-04),[2022-11-08].https://wap.peopleapp.com/article/5567427/5487219? isappinstalled=0.

[55] 李青,高原,周红莉. 职教效果怎么样? "522"模式 让企业在评价中"唱主角"[EB/OL]. 闪电新闻,(2022-07-18), [2022-11-08].https: //sdxw.iqilu.com/w/article/YS0yMS0xMjk-5Mjc3Nw.html.

后 记

反思当代专业教学评价的诉求、重新认识与再定义企业参与专业教学评价、筛选企业参与专业教学评价链的构成要素,构建企业参与覆盖专业人才培养全程的五个阶段,用“评价”突破企业在“双主体”育人过程中“名义主体”的藩篱,这无疑是当下解决产教融合“校热企冷”更为经济有效的解决方案。正如《禅与摩托车维修艺术》那句触达人心灵的话:“如果你用心做事情,你做的事情就会 Quality。接受你产品和服务的人就会感受到这种 Quality,它会像波纹一样传播出去。这就是我们让世界发生改变的方式,仅此而已。”在企业参与专业教学评价的过程中,通过评价发生改变的最优方式就是要解决好评价什么、如何评价、如何更好地组织评价三个关键问题,仅此而已。

评价什么?反思当代专业教学评价的诉求、重新认识与再定义企业参与专业教学评价、筛选企业参与专业教学评价链的构成要素,构建企业参与覆盖专业人才培养全程的五个阶段闭环,是企业参与专业教学评价的价值基础。

如何评价?结合不同企业由于产权属性、核心生产要素、规模等个性特征对企业参与专业教学评价的行为与动机的影响,认清企业参与专业教学评价“信息蚕房”与“知识鸿沟”本身存在的非理性偏爱基因,强化多维度、实时大数据支撑,形成覆盖评价—采集—反馈—应用等可依据、可协同、可反馈、可改进的评价内容与评价过程“两类标准化”准则,是企业参与专业教学评价的价值核心。

如何更好地组织评价?以第三方评价的独立、专业、权威为根本遵循,由第三方牵头、建立“一站式”评价组织机构与“一揽子”实施考核制度相融通的两类保障制度,从研制评价标准、规范制度保障、组建专家库、到受理评价业务等开展“一条龙”的专业评价服务,形成第三方评价机构对专业材料形式审核、组织专家按照标准评价、协同多方共同制定改进方案、共同保障企业深度参与评价的机制,是企业参与专业教学评价的价值动能。

无论企业参与评价是“带角色入剧”的主角、“带资入场”的配角、“带技术入股”的制片人和“跑龙套”的群众演员,都是评价过程中可能遇到的必不可少的角色。唯有通过“对话”驱动意见趋同,通过“信任”驱动行动融合,通过“反思”寻求价值重叠,才能实现企业参与专业教学评价的公共理性,更好地组织专业、吸纳企业、依托行业,颁布章程规程、制定方案细则、出台指南指引,将专业评价成效转化为企业参与教学的生动实践,实现合作评价 1+1>2 的功效。

本书是广东省社会科学联合会政策咨询基地——广东机电职业技术学院职业教育科教融汇高质量发展研究中心、广东省普通高校创新团队——职业教育科教融汇高质量发展研究创新团队(2024WCXTD058)、广东省哲学社会科学规划学科共建项目《产教融合型企业“全链式”参与评价专业的行为动机与标准体系构建研究》(GD24XJY08)、广东机电职业技术学院“双高‘四航’保障,谱写高质量发展‘五力’新篇章”等双高建设的研究实践成果,包括职教本科专业人才培养方案编制注意事项、“自我诊断+企业参与”职教本科专业评价实施方案等。本书第一章至第四章由李青教授撰写、校外典型案例和校本优秀案例由余蔚荔教授编写。在此感谢高原博士对评价规章制度“一揽子”制定规范方面的建议，更要感谢提供案例的各位同事们……要感谢的人太多，他们都是照亮本书撰写困境时的一米阳光，以至于只能深深地放在作者的心里。办学能力高水平、产教融合高质量，在新一轮双高建设之际，期望本书能给大家带来校企共培共育高素质技能人才、能工巧匠、大国工匠的新的实践理路。但由于视角和实践的局限性，书中难免存在疏漏与不足，也恳请读者给予指正与谅解。